世界有机生产法规与管理

唐茂芝　张　红　主编

中国农业大学出版社
· 北京 ·

内容简介

在全球经济发展动荡不断的形式下，世界有机产业始终保持持续平稳的增长势头。2015年的世界有机农业大会上，国际有机联盟（IFOAM）联合其他世界著名的有机机构发布了“有机农业3.0时代怀山宣言”，标志着世界有机农业进入了全面创新、真正持续和团结合作的有机产业新时代。

为了帮助读者全面了解世界各国有机生产法规与管理现状，本书从世界有机生产发展历史、生产情况、法律法规、政策支持等方面对世界有机生产的发展及管理进行了全面梳理和总结，详细介绍了世界三大国际组织、70多个国家有机农业概况和有机农业法规与管理，为有机产业研究人员和有机从业人员了解世界有机农业提供了一本不可多得的参考书。

图书在版编目（CIP）数据

世界有机生产法规与管理/唐茂芝，张红主编. —北京：中国农业大学出版社，2017.12

ISBN 978-7-5655-1825-6

Ⅰ.①世… Ⅱ.①唐… ②张… Ⅲ.①有机农业-农业生产-法规-研究 ②有机农业-农业管理-研究 Ⅳ.①D912.4 ②S-04

中国版本图书馆CIP数据核字（2017）第114484号

书　　名 世界有机生产法规与管理
作　　者 唐茂芝　张　红　主编

策划编辑 王笃利　　**责任编辑** 韩元凤
封面设计 郑　川　　**责任校对** 王晓凤
出版发行 中国农业大学出版社
社　　址 北京市海淀区圆明园西路2号　　**邮政编码** 100193
电　　话 发行部 010-62818525，8625　　读者服务部 010-62732336
编辑部 010-62732617，2618　　出　版　部 010-62733440
网　　址 http://www.caupress.cn　　**E-mail** cbsszs@cau.edu.cn
经　　销 新华书店
印　　刷 涿州市星河印刷有限公司
版　　次 2017年12月第1版　2017年12月第1次印刷
规　　格 787×980　16开本　13.5印张　200千字
定　　价 36.00元

编 委 会

主　编	唐茂芝	张　红		
副主编	王茂华	苗润莲		
编写组	陈恩成	张　剑	吴海文	周脉伏
	贺晓云	郝　静	王　霞	曲　丽
	娄　丹	张友廷	焦　翔	曹　鹏
	徐常青	陈　君	袁善奎	丁　涛
	孙敏杰	袁秀松	张　蕊	朱卫平
	周静毅	刘　芸	郑懿龙	乔海莉
	黄红艳	郎天琪	莎日娜	常耀文
主　审	顾绍平	刘宗德	何小群	游安君

序

进入21世纪以来，有机农业在全球得到了飞速的发展。有机农业生产方式在100多个国家得到了推广，有机农业的面积和种植者数目逐年增加。2015年全球有机农业用地达到5 090万 hm^2，包括转换用地，比2014年增加了650万 hm^2，约增加了15%。其中，大洋洲和欧洲有机农业用地规模最大，其次是拉丁美洲、亚洲、北美洲和非洲。有机农业用地面积最大的三个国家分别是澳大利亚、阿根廷和美国。除了农业用地，还有野生采集、水产养殖、林地、牧场等非农业用地也属于有机，加上这些区域，全球有机土地面积达到9 060万 hm^2。2015年全球从事有机农业的生产者数量为240万人，有机生产已经得到了广泛认可。

有机生产的增长带来的是市场和从业者的扩大，有机产品的销售在过去10年间一直保持着良好的增长态势，2015年有机食品和有机饮料的全球销售额接近816亿美元，有机产品收入较1999年增加了近5倍，未来几年有机农业的销售量和销售额预计还将增长，市场前景广阔。

反观当前的中国农业，从传统农业的精耕细作到现代工业化农业的“十二连增”，我国农业正站在转型升级的十字路口。面对21世纪人口激增、气候变化和环境恶化等问题，资源节约、环境友好、生态保育的农业成为社会可持续发展的重要保障。在此背景下，中央提出“中国农业需要实现从‘量’向‘质’的转变”。2016年中央一号文件中提出“提高农业质量效益”“加强资源保护和生态修复”“促进农民收入增长”等农业发展的关键词，这与有机农业保护生态环境、合理利用资源、实现农业生态系统持久发展的理念异曲同工。

世界各国都有各自的有机农业认证体系，随着中外贸易的不断增长，各国有机认证的不同对双方的贸易发展产生了一定的阻碍，了解进而突破制度设计的壁垒是我国有机生产发展的需要。同时西方发达国家有机农业发展得早，许多思路、做法都值得我们借鉴，《世界有机生产法规与管理概况》的推出十分及时，可以为广大的有机产业研究者和从业者提供了解世界有机生产发展的一个窗口。

2016 年 10 月 14 日，中国国家质检总局副局长、国家认监委主任孙大伟与新西兰初级产业部常务副部长邓恩签署了《中国国家认证认可监督管理局与新西兰初级产业部关于有机产品认证互认的安排》，这是我国对外签署的首个有机产品认证政府间互认协议。这也是我国和世界各国开展有机互认的开始。新西兰面积小，但却是个农业大国，新西兰的有机产品认证得到了欧盟、美国的承认，在有机法规标准比对、解决认证制度差异方面有丰富经验。可以说发展不仅仅依赖于我们已有的基础条件，更重要的是我们对世界、对自身的深入认识。本书作者唐茂芝、张红将自己的研究成果从学术领域中释放出来，站在全球经济发展的高度，对有机生产的研究与认识全景式地为大众勾勒出了世界有机农业发展概貌，为我国政府及普通公众了解有机生产、在比较中认识世界有机农业发展，在比较中了解有机生产发展提供了重要帮助。

王大宁

2017 年 9 月

前　言

有机农业起源于欧洲，“有机农业”一词就是英文词组“Organic Agriculture”直译而成，国际有机农业运动联盟、欧盟、美国等许多国家的机构或个人都曾对有机农业进行过阐述。1924 年德国哲学家鲁道夫·施泰纳（Rudolf Steiner）提出了“生物动力农业”（biodynamic agriculture）概念，是欧洲有机农业的雏形。英国植物病理学家 Howard，30 年代初开始倡导有机农业，在 1940 年写了《农业圣典》，此书成为当今指导国际有机农业运动的经典著作之一。1945 年，美国 Rodale 创办了 Rodale 有机农场，开展了有机农业在美洲的实践。

进入 21 世纪以来，有机农业在全球得到了飞速的发展。有机产品的销售在过去 10 年间一直保持着良好的增长态势，市场增长强劲。但世界各国有机农业所处的发展阶段不同，有机农业发展历程也有许多差异，对有机生产的管理及法规也各不相同。依据统计数据，截至 2016 年，全球共有 179 个国家发展有机农业，其中有 87 个国家建立了自己的有机标准及规范。而我国有机农业的开发时间比较晚，借鉴开发时间早、实践经验丰富的世界有机农业的成功经验，将对我国有机农业的持续、健康、快速发展具有重要的现实意义。

这部著作是对世界有机生产的法规与管理的一次尽可能的全景式扫描，从发展历史、生产情况、法律法规、政策支持等方面对世界有机生产的发展及管理进行了全面梳理，涉及三大国际组织、70 多个国家，全书分为六大章节，从国际组织、欧洲、美洲、亚洲、大洋洲、非洲六大版块对各洲有机生产法规与管理进行了概括与分析。

第一章是国际社会有机生产法规与管理。本章对国际有机农业运动联盟（IFOAM）、国际食品法典委员会（CAC）、有机农业研究所（FiBL）三大有影响力的国际有机农业机构发展演变进行介绍，并对其有机生产标准进行分析。

第二章是欧洲国家有机生产法规与管理。本章首先对欧洲有机农业支持政策、有机生产法规及其演变、有机生产管理体系进行阐述；接着分别对欧洲大陆上的各个国家的有机农业历史、生产与市场概况、有机标准和法规、有机生产管理体系、政府对有机农业的支持政策等多方面详细说明，既涉及欧盟国家，也涉及非欧盟国家，包括瑞士、瑞典、德国、英国、法国、西班牙、葡萄牙、挪威、奥地利、意大利、波兰、荷兰、丹麦、斯洛文尼亚、俄罗斯、乌克兰、土耳其、保加利亚、匈牙利、捷克、比利时、芬兰、希腊、卢森堡、阿尔巴尼亚、科索沃、黑山共和国、塞尔维亚、克罗地亚、塞浦路斯、爱尔兰、爱沙尼亚 32 个国家。

第三章是亚洲国家有机生产法规与管理，分别对日本、中国、韩国、泰国、尼泊尔、印度、印度尼西亚、哈萨克斯坦、亚美尼亚、不丹、孟加拉国、阿联酋、阿塞拜疆、伊朗、马来西亚、菲律宾、沙特阿拉伯 17 个国家的有机农业发展及管理进行了梳理。

第四章是美洲国家有机生产法规与管理。本章从有机农业发展历史及现状、有机生产法规与管理体系、有机生产政策体系、有机生产认证管理、有机生产允许使用的物质管理等方面进行了概括，涉及的国家有美国、加拿大、墨西哥、萨尔瓦多、危地马拉、哥斯达黎加、古巴、多米尼加共和国、智利、厄瓜多尔、哥伦比亚、阿根廷、巴西、委内瑞拉、秘鲁。

第五章是大洋洲国家有机生产法规与管理的分析，在回顾澳大利亚、新西兰有机农业经济发展历史及发展现状的基础上，重点分析了澳大利亚、新西兰有机农业法规体系和认证管理体系。

第六章是非洲国家有机生产法规与管理的概况，重点对肯尼亚、突尼斯、坦桑尼亚、埃塞俄比亚、乌干达、南非等国的有机生产管理、有机农业法规及政策体系进行概述与分析。

本著作受“十二五”国家科技支撑计划“有机产品生产中允许使用物质评价关键技术研究”（2014BAK19B02）和质检公益性行业科研专项项目“认证认可重点领域安全性评价关键技术研究及应用示范”（201410037）项目资

助。这部著作，涉及内容多、覆盖范围广，是一部详细介绍世界有机农业概况和有机农业法规与管理的学术专著。本书的编写团队中既有认证认可监督管理委员会认证认可技术研究所、农业大学的专家学者，也有北京市科学技术情报研究所长期专注于数据资源收集的科研人员，团队成员利用情报学的方法广泛收集整理世界范围内的有机农业发展的基础资料，课题组从全球发展的视野对世界有机生产法规与管理概况进行了全面的梳理，并吸纳了许多学者的观点和研究成果，力争涵盖世界有机生产的主要国家和地区。希望本书能为国内有机农业研究人员及有机从业者了解世界有机农业的概况贡献一点绵薄之力。

本书的编写虽然做了很大的努力，但由于受时间、资料和外文文献收集等方面的限制，加上编者水平和专业知识有限，本书仍有不尽完美之处，恳请各位专家和读者批评指正。

编者

2017 年 9 月

目　　录

第一章　国际社会有机生产法规与管理

传统的依赖密集型、高投入（农药、化肥、能源）、单一作物的高产农业系统，忽视了农业生产对自然资源、环境的影响。为此，各国积极寻求既能实现发展目标，又能保护和改善生态环境的可持续农业发展之路，而发展有机农业是达到这一目的的重要途径。另外，随着经济发展和社会进步，人们对生活质量和所消费食品的品质要求越来越高，追求纯天然、无污染的产品已成为一种时尚。有机农业的先驱们从健康、可持续发展以及社会公正和谐的角度提出用有机的方式进行农业生产，他们强调通过在相对封闭的系统内循环使用养分来培育土壤肥力和生命活力，使作物能够健康生长，生产健康的产品。以有机方式进行农业生产，符合保护生态环境、实现可持续发展的目标，也符合人们追求生活质量、关注身体健康的现实要求，从而推动了有机农业的迅速发展。

世界有机农业著名研究机构有机农业研究所（FiBL）和国际有机农业运动联盟（IFOAM）于2017年2月联合发布了《世界有机农业：数据统计与2017年发展趋势》，对全球179个国家、截至2015年底的有机农业相关数据进行了收集分析①。

根据报告，2015年全球有机农业用地达到5 090万 hm^2，包括转换用地，比2014年增加了650万 hm^2，约增加了15%。其中，大洋洲和欧洲有机农业用地规模最大，分别为2 280万 hm^2 和1 270万 hm^2，分别占世界有机农业用地的45%和25%。其次是拉丁美洲（670万 hm^2，13%）、亚洲（400万 hm^2，

① FiBL，IFOAM. The World of Organic Agriculture-Statistics & Emerging Trends. 2017

8%)、北美洲(300 万 hm^2,6%)和非洲(170 万 hm^2,3%)。有机农业用地面积最大的三个国家分别是澳大利亚(2 270 万 hm^2)、阿根廷(310 万 hm^2)和美国(200 万 hm^2)。除了农业用地,还有野生采集、水产养殖、林地、牧场等非农业用地也属于有机,加上这些区域,全球有机土地面积达到 9 060 万 hm^2。

2015 年全球从事有机农业的生产者数量为 240 万人(2014 年为 230 万人),其中约 75%为亚洲人,其次是非洲和拉丁美洲,占比分别为 30%和 19%。拥有有机生产者人数最多的国家分别是印度(58.52 万人)、乌干达(20.360 2 万人)和墨西哥(20.003 9 万人)。全球约 1/4 的有机用地(1 280 万 hm^2)和超过 89%(210 万人)的有机生产者分布在发展中国家和新兴市场。

2015 年有机食品和有机饮料的全球销售额接近 816 亿美元。有机产品收入较 1999 年增加了近 5 倍。有机产品的销售在过去 10 年间一直保持着良好的增长态势。2015 年全球各区域的有机市场规模都有所扩大,但有机产品需求主要在北美和欧洲,其销售额占到了全球的 90%。亚洲、拉丁美洲和非洲虽已成为重要的有机农作物产区,但这些地区的有机产品主要用于出口。2015 年,仍是美国、德国和法国的有机市场规模最大(2014 年亦是这 3 个国家),销售额分别是 358 亿欧元、86 亿欧元和 55 亿欧元。最大的单一市场依然是美国,占全球市场规模的 47%,其次是欧盟(271 亿欧元)和中国(47 亿欧元),分别占比 33%和 6%。全球有机食品人均消费最高的地区是瑞士、丹麦、瑞典、卢森堡,分别为 262 欧元、191 欧元、177 欧元和 170 欧元。有机市场占国内市场份额领先的国家分别是丹麦(占比 8.4%)、瑞士(占比 7.7%)和卢森堡(占比 7.5%)。未来几年有机农业的销售量和销售额预计还将增长。

有机农业规模的壮大、有机生产的发展推动了有机生产规范的制定和发展,而另一方面,各类规范的制定也保障了有机生产的健康、稳定发展。

有机联合国食品法典委员会(CAC)《有机食品生产、加工、标识及销售指南》和 IFOAM《有机生产与加工基本标准》是常被提及的国际有机规范。CAC的指南是现行的、唯一的由官方国际组织单位所制定之国际有机法规，但其仍属各国官方自愿性遵守规范，并不具有国际协议或国际条约的强制性，各国自行制定的有机法规不受其约束。IFOAM标准虽然制定历史长久，但多数国家仍未在国家法规中直接承认IFOAM规范的效力。由此，这两个国际有机法规的主要功能，在于为各国官方或民间组织拟定有机法规提供参考，但对于各国皆无国际条约或协议所应具备的强制力，因此严格说来，目前尚无适用多国的国际统一有机法规或标准①。

1993年，欧盟发布了具有法律效力的《欧盟2092/91号有机农业条例》，对有机农业和有机农产品的生产、加工、贸易、检查、认证以及投入物使用等作了具体规定，共分16条并带有6个附录。欧盟标准适用于所属成员国的所有有机食品（食用农产品）的生产、加工、贸易包括进口和出口，是各国制定本国有机法规的基本依据和最低要求。2007年7月，欧盟公布了关于有机生产和有机产品标识的（EC）No834/2007号规定，2009年1月1日生效，同时废止2092/91号条例，成为欧盟现行的有机生产法规体系的基本法。

1990年，美国制定《有机食品产品法案》（Organic Food Production Act of 1990），对国家有机食品的生产程序、有机食品的国家标准、国家的认证程序等作了规定。2000年12月，美国农业部（USDA）制定公布了国家有机计划标准——NOP标准，该标准于2001年4月21日开始试用，2002年10月21日正式施行。美国有机农业标准正式生效后经过了多次修改，例如2007年12月，美国NOP标准增加了可以用于畜禽养殖中的物质，如阿托品、布托啡诺、氟胺烟酸、过氧乙酸、泊洛沙姆、呋喃苯胺酸、氯氧化镁、甲苯噻嗪、妥拉唑林等，并同时制定了使用这些物质的要求。2008年，美国有机标准委员会发布禁止两种亲水胶体——琼脂和卡拉胶作为有机的成分使用，把这两种物质列入NOP禁止使用的物质名单中。

1992年，日本农林水产省制定了《有机农产品蔬菜、水果生产标准》和《有机农产品生产管理要点》，并于1992年将以有机农业为主的农业生产方式

---

①　http：//seed. agron. ntu. edu. tw/organic/org-liu-3. htm

列入保护环境型农业政策。日本 2000 年 4 月推出了有机农业标准（Japanese Agriculture Standard，JAS）。该标准于 2001 年 4 月正式执行，它的出台标志着日本有机农业生产的规范化管理已完全纳入政府行为。

我国于 2004 年、2005 年制定颁布了《中国有机产品认证管理办法》、GB/T 19630—2005《有机产品》和《有机产品认证实施规则》等规章和标准，后根据我国有机农业发展的需要，于 2011 年颁布了新版的国家有机农业标准 GB/T 19630—2011《有机产品》。

除了欧盟、美国及日本外，澳大利亚、新西兰、菲律宾、泰国、韩国、以色列、突尼斯等许多国家也制定了国家有机规范，但多数国家的有机法规仅处于自愿性遵守的层级，或只针对特殊目的的有机产品国家级规范，并未制定具有法律强制性的有机法规。例如澳大利亚所制定的有机规范主要针对适用出口的有机产品，未强制要求国内有机产品必须遵守。不过，随着有机产品市场的发展和社会各界对有机农业发展支持力度的提升，部分国家已倾向于制定具有法律效力的国家法规，例如加拿大有机规范在 2007 年以前仅为自愿性遵守的国家有机标准，但加拿大农业部已正式制定有机农业法并于 2009 年开始实施，自此加拿大境内生产或进口有机产品皆必须符合国家有机标准。

根据 FiBL 的调查统计（数据来源是各国管理当局和领域内专家），到 2016 年全球已有 87 个国家或地区制定了有机农业标准或法规，187 个国家正在着手制定有机法规。有些国家没有采用有机法规来规范有机行业，但制定了本国的国家有机生产标准，这些标准从国家层面对有机产品进行定义，并为国内有机认证活动提供参考[①]。详见表 1-1。

① FiBL，IFOAM. The World of Organic Agriculture-Statistics & Emerging Trends. 2017

表 1-1　世界各国有机标准与法规制定与实施情况

区域	制定并完全实施的国家/地区	制定但未完全实施的国家/地区	正在起草的国家	有国家标准但未立法的国家/地区
欧盟地区	奥地利、比利时、保加利亚、克罗地亚、塞浦路斯、捷克、丹麦、爱沙尼亚、芬兰、法国、德国、希腊、匈牙利、爱尔兰、意大利、拉脱维亚、立陶宛、卢森堡、马耳他、波兰、葡萄牙、罗马尼亚、斯洛伐克、斯洛文尼亚、西班牙、瑞典、荷兰、英国（28）			
欧洲非欧盟区	阿尔巴尼亚、冰岛、马其顿、摩尔多瓦、黑山共和国、挪威、塞尔维亚、瑞士、土耳其（9）	科索沃、乌克兰（2）	白俄罗斯、波黑、俄罗斯（3）	
亚太地区	亚美尼亚、澳大利亚、中国、法属波利尼西亚、格鲁吉亚、印度、印度尼西亚、伊朗、以色列、日本、韩国、黎巴嫩、马来西亚、新喀里多尼亚、新西兰、沙特阿拉伯、所罗门群岛、中国香港、塔吉克斯坦、泰国、阿联酋（21）	阿塞拜疆、约旦、哈萨克斯坦、菲律宾（4）	孟加拉国、约旦、吉尔吉斯斯坦、尼泊尔、巴基斯坦（5）	中国香港、巴林岛、不丹、文莱、科威特、老挝、阿曼、卡塔尔、越南（9）
美洲和加勒比地区	阿根廷、玻利维亚、巴西、加拿大、智利、哥伦比亚、哥斯达黎加、多米尼加共和国、厄瓜多尔、危地马拉、洪都拉斯、墨西哥、尼加拉瓜、巴拿马、巴拉圭、秘鲁、乌拉圭、美国（18）	古巴、萨尔瓦多共和国、委内瑞拉（3）	牙买加、圣卢西亚（2）	
非洲地区	突尼斯（1）	摩洛哥（1）	阿尔及利亚、埃及、肯尼亚、纳米比亚、塞内加尔、南非、苏丹（7）	布基纳法索、布隆迪、埃及、卢旺达、坦桑尼亚，乌干达、加纳、肯尼亚、南非、赞比亚、津巴布韦（11）

一、国际有机农业运动联盟及其有机生产标准

(一)国际有机农业运动联盟(IFOAM)

国际有机农业运动联盟(International Federal of Organic Agriculture Movement,简称 IFOAM),是一个全球性的有机农业运动保护组织,1972 年成立于法国,总部在德国。截至 2014 年 8 月,已在全球 120 个国家有 870 个会员,这些会员包括农户协会、有机食品行业组织、NGO、政府机构、有机网络组织、有机研究机构以及有机认证机构等。

IFOAM 的使命是领导、联结和帮助全球有机运动。目标是在世界范围内推动开展有机农业,并且提供全球范围内的学术交流与合作的舞台;在发展有机农业系统过程中,提供一个包括保证环境持续发展和满足人类需求的综合途径;利用各会员的专长,为人们日常生活的需要打开一道方便之门;在世界范围内建立一种发展有机农业运动的协作网。

IFOAM 每 3 年召开一次全体大会,选举出董事会成员,探讨 IFOAM 的战略发展方向,并确定官方委员会、工作组以及特别工作组中各会员的任命和具体职责。为打造一个真正的全球联盟,IFOAM 鼓励各地区按照其要求建立地区性机构,例如亚洲、欧亚、欧洲、拉美、南非、伊朗、日本等地区机构,地区机构的工作原则和机构设置都以 IFOAM 为范例,代表了特定地区的利益①。

除了支持全球范围内会员的发展,IFOAM 还开展其他活动,例如组织召开高层次的会议,为有机农业各方共享知识、技能并建立有效合作提供平台;与地区伙伴共同实施各类有机项目,加快有机农业转换,加强供应链,提升消费者意识等;帮助了解有机标准及规范,推广多种认证以满足有机农户多样化的需求等。

IFOAM 制定的有机农业标准具有广泛的代表性,涵盖了有机植物生产、有机动物生产以及加工的各个环节。虽然它属于非政府组织标准,但影响很

① IFOAM Organic International, http://www.ifoam.bio/en/about-us

大，许多国家在制定本国有机产品标准时，参考和引用 IFOAM 的基本标准。IFOAM 的授权体系（认可和监督有机认证机构的组织和准则）IOAS（IndependentOrganicAccreditationService）和其基本标准一样，对于有机农业检查和认证机构的控制颇具影响力①。

（二）IFOAM《有机生产与加工标准》及其演变历史

1978 年，IFOAM 制定并首次发布了《有机生产和加工的基本标准》，标准每 3 年修订一次。该标准虽然属于非政府组织制定的有机农业标准，但其影响却非常大甚至超过国家标准。它的优势在于网罗了国际上从事有机农业生产、加工和研究的各类组织和个人，其制定的标准具有广泛的民主性和代表性，该标准对协调世界范围内有机农业的基本原则发挥了巨大作用，成为许多民间机构和政府在制定他们自己的标准或法规时遵循的主要依据，甚至 FAO 在制定标准时也专门邀请了 IFOAM 参与制定，同时它对欧盟有机标准的制定也发挥了重要影响。该标准包括了植物生产、动物生产以及加工等内容，具体内容涉及农产品生产的所有环节。此外，IFOAM 还专门制定了茶叶和咖啡标准，甚至以后还有可能对纺织品和化妆品制定标准②。

自颁布第一个 IBS 起，到 2005 年已修订了 12 次并形成了 13 个版本。2012 年 8 月公布的《IFOAM 有机生产与加工规范》（2012 年版）包含了“有机标准共同目标和要求——IFOAM 标准的要求”“IFOAM 有机生产和加工标准”以及“有机生产与加工认证机构的 IFOAM 认可要求”，而 2005 年及以前版本的《IFOAM 有机生产与加工规范》则主要包括“IFOAM 基本标准（IBS）”和“IFOAM 认可标准”。2012 年版本的有机生产与加工标准建立在 2005 版基本标准（IBS：2005）的基础上并将其取代。2014 年 6 月，IFOAM 发布的《IFOAM 有机生产与加工规范》（2014 年版）取代了 2012 年版本，新版本中的有机生产和加工的标准考虑了保护性收割和社会公平等因素。

---

① CQC 加入国际有机农业运动联盟，http：//www.cqn.com.cn/news/zggmsb/2007/129025.html，2003-05-21

② IFOAM 的有机产品标准，http：//www.tbtguide.com/bzhyjs/ztyj/spaq/yjncp/gjyjncp/201312/t20131210_55422.html，2013-12-10

尽管IFOAM规范是最早制定的有机规范，但目前包括欧盟、美国、日本等大部分国家的官方系统，并未将IFOAM认验证体系纳入国家有机法规中，也没有明文认可IFOAM规范的效力，因此IFOAM规范在各国仅为生产者自愿性遵守的有机规范，生产者仍根据各国有机法规进行有机生产及销售①。

二、国际食品法典委员会及其有机生产标准

（一）联合国食品法典委员会（CAC）

联合国粮农组织（Food and Agriculture Organization，简称FAO）与世界卫生组织（World Health Organization，简称WHO）于1963年共同成立食品法典委员会，负责制定可适用全球的食品规范，协调各成员国食品法规、技术标准等。自成立以来，CAC制定了一系列协调性的国际食品标准、指南和行为准则，其宗旨是为保护消费者的健康，确保食品交易过程中的公平操作，并对国际间政府和非政府组织承担的所有食品标准方面的工作起促进协调作用。

截至2016年3月，CAC共有188个成员，包括187个成员国和1个成员组织以及220个观察员（50个国际间政府组织、154个非政府组织和16个联合国组织），下设一个执行委员会、10个普通主题委员会、8个商品委员会和6个协调委员会。FAO和WHO的所有成员国、准成员国都可以加入该组织，非食典委成员的所有粮农组织或世卫组织成员国或准成员可根据申请以观察员身份参加食典委及其下属机构的各届会议和专题会议②。

CAC的标准建立在可达到的最佳科学技术之上，同时得到了独立的国际风险评估机构及由联合国粮农组织、世界卫生组织设立的专门咨询机构的协助。尽管推荐规范由成员国自愿使用，但在许多情况下，食品法典委员会标准起到国家立法的基础作用。

（二）CAC《有机食品生产、加工、标识及销售指南》及其演变历史

1992年7月，为维护全球有机食品的公平竞争并防止各国产品做出错误宣

---

① 刘凯翔．有机农业法规及政策之研究［D］．国立台湾大学农艺学系，2007

② http：//www.fao.org/fao-who-codexalimentarius/committees/en/

称或广告，CAC 开始讨论并着手研拟联合国有机农业食品法典（Guidelines for the Production，Processing，Marketing，and Labeling of Organically Produced Foods）。1999 年，CAC 在第 23 次会议上通过了《有机食品生产、加工、标识及销售指南》（CAC/GL32—1999），2001 年在第 24 次会议上又通过了该指南的“畜牧生产与畜牧产品”部分，从而形成了较为完整的联合国层次的有机食品标准。CAC 下属的食品标签法典委员会（CCFL）根据有机生产的发展情况，每 4 年将对指南进行审查修订，而附录 2 部分包含的有机投入物清单每 2 年审查修订。

CAC 有机食品指南具体提出了有机定义、种子与种苗、过渡期、化学品使用、平行生产、收获、贸易和内部质量控制等内容，还对有机农产品的检查、认证和授权体系做了具体的说明。指南参考了欧盟有机食品标准（EU2092/91）和国际有机农业运动联盟（IFOAM）的基本标准。其制定表明，有机农业/有机食品已得到联合国粮农组织和世界卫生组织的认同，它将有力地推动有机农业及有机食品标准的统一，从而有利于有机农业/有机食品在全球的进一步发展。

依据联合国有机食品法典立法说明，有机食品法典的主要功能是作为各国制定有机农业法规的指南，而非制定一个统一且具有强制力的全球有机法规。各会员国可依国情需求及实际情况，自行制定更严格或更详细的有机法规，例如日本 JAS 有机标准即以联合国有机食品法典为主要依据制定而成。因此，联合国有机食品法典为一种对国家不具强制力的“自愿性规范”①。

CAC 指南的附录清单对有机食品和有机农业体系能够使用的物质进行了规定，这些清单主要关注食品加工中允许使用的物质以及使用新物质的标准。修订工作主要由食品标签法典委员会（CCFL）内的一个工作组承担。2003 年的第 26 次大会上修改了附录 2 部分的“允许使用物质要求”和“不同国家物质清单制定标准”的部分内容，2004 年则对附录 2 表格 1、表格 2 中“有机食品生产允许使用物质”进行了修订，2007 年第 30 次大会上则对表格 3“指南第

① 刘凯翔．有机农业法规及政策之研究［D］．国立台湾大学农艺学系，2007

三部分涉及的非农业来源物质成分”进行了修订。2009 年 7 月，CAC 根据 CCFL 的建议对允许使用物质清单做了一些修订，亚硝酸盐、硝酸盐、肉类加工使用的抗坏血酸盐以及作为食品添加剂的磷酸盐类都不允许使用。2010 年，清单又做了修订，增加了控制害虫过程中使用鱼藤精的限制条件，即这种物质只能在防止流入水域时才能使用。2011 年，CCFL 同意欧盟建议的在物质清单中包含多杀菌素、辛酸铜盐、碳酸氢钾和在预防果蝇进行柑橘催色以及菠萝成花诱导时使用的乙烯。2012 年，CAC 决定，“只有采取措施将对其他物种的危害降至最低，并将抗性风险降至最低时才能使用多杀菌素”，在预防果蝇进行柑橘催色以及菠萝成花诱导时使用的乙烯也被加入 CAC 有机食品生产指南的附录清单中。从 2010 年开始，CAC 就一直在讨论用于防止洋葱和土豆发芽的乙烯的使用，2011 年还就热带水果（不仅限于香蕉和猕猴桃）催熟中乙烯的使用进行了讨论，但由于没有进一步的官方要求，2012 年的清单仍然维持仅对香蕉和猕猴桃进行限制。

2011 年，CAC 内部已经同意将有机水产养殖和有机海藻生产纳入指南中，2012 年 5 月、2013 年 5 月的 CCFL 会议上讨论了相关文件，但 2014 年 10 月，CCFL 认识到文本确定还需要大量的工作，并同意成立由欧盟牵头的实际工作小组开展具体工作。最具争议的问题是催熟剂的使用、再循环与可持续体系使用、饲养技术、喂养资源、激素禁止使用或限制使用，转换期的规定等。2016 年 CCFL 提出停止制定水产养殖指南或者由一个附属机构来继续开展该项工作，对于比较有争议的问题仍没有得出结论。

三、有机农业研究所及其允许使用物质清单

（一）有机农业研究所（FiBL）

FiBL（Research Institute of Organic Agriculture）有机农业研究所是一个独立的非营利性研究机构，成立于 1973 年。宗旨是推动有机农业领域先进科学知识与科学技术的发展。通过专业咨询、培训和会议等，将相关知识转化为农业实践是 FiBL 工作的重中之重，其研究团队与农户密切合作致力于发现具有创新意义并经济有效的解决方案，以提高农业生产率并重视农业生

产对环境、人类健康和社会的影响。在瑞士弗里克、德国法兰克福及奥地利维也纳都设有分支机构，提供有机农业的顾问和研究工作，并在欧洲、亚洲、拉丁美洲和美洲开展了许多项目和活动。

瑞士有机农业研究所，成立于 1973 年，1997 年后办公地点设在弗里克，是世界上系统从事有机农业最早的研究所。它的优势在于从知识到农业实践，它能将跨学科的研究和迅速转移的知识密切联系在一起。德国有机农业研究所是一个非营利性协会，它注册于法兰克福，拥有超过 20 名雇员。它的资金由项目赠款，或者由基金会和协会成员捐款。奥地利有机农业研究所成立于 2004 年 5 月，办公地设在维也纳，奥地利有机农业研究所将自己定位为一个服务中心，以及科学和实践之间的连接点，将有机食品生产链上的所有利益相关方联系起来①。

FiBL 长期以来一直致力于有机农业的国际化发展。它与 IFOAM 以及其他组织有紧密的工作交流。FiBL 拥有一支高素质的员工队伍，在有机土壤管理、植物生长、整体动物健康、动物行为学、有机动物养殖、社会经济学、有机市场的全面分析、有机食品加工和生产等方面都具备专业知识。通过多种传播手段，包括杂志、技术传单、参考书、视频和互联网、通过咨询、培训课程和专家报告等，FiBL 将有机农业知识推广应用到农业实践中去。

（二）FiBL 有机生产允许使用物质清单制定与修改

瑞士 FiBL 主要面向瑞士制定并公布投入物质清单，第一个版本在 1992 年公布，从 1996 年开始，每年更新一次，主要是法语和德语版本。Bio. Inspecta 是瑞士一家有机管理和认证机构，在国家层面和国际层面开展活动。该机构非常关注针对投入物质管理的现代 IT 工具的开发使用，以及投入物质清单的制定。

德国 FiBL 面向德国制定并公布投入物质清单，2006 年公布首个清单，此后每年更新一次，并且在 2009 年公布了首个针对加工助剂的投入物质清单，

① http：//www. fibl. org/en/about-us. html

之后也是每年更新一次[①]。

FiBL允许使用物质清单每年更新一次，并在每年1月份公布。在新清单公布前一年的秋季，有机行业的公司可以向FiBL投入物质清单小组提交新物质或产品的相关资料，清单修订的申请一般分为几类：①与允许使用物质清单其他产品类似的产品，清单小组依自己的权限可以直接将这些物质列入新清单草案中。②对于存在质疑的物质和产品，清单小组对基本问题进行简短描述后提交至标识组织（BIO SUISSE和Migros-Bio），基本问题可能与新的化合物相关，也可能与某种应用方法相关，或者对已列入清单的产品重新考虑。③要拒绝加入清单的产品，原因是它们与相关法规以及标识组织之前的决定不符。由于是清单小组拒绝的，申请者可以请求标识组织重新考虑。基于上述考虑，FiBL允许使用物质清单小组筹划制定新的清单草案。

之后，来自BIO SUISSE的代表与清单小组（有时还有外部专家）会面进行圆桌会议，就重要问题进行讨论；标识组织相关委员会做最后决定，但之前会充分考虑圆桌会议各方提出的建议；瑞士联邦管理部门核查清单与有机法规以及肥料或杀虫剂登记内容是否一致；根据标识组织以及联邦管理机构的评判结果，清单小组制定、编辑清单，BIO SUISSE向接受其管理的有机生产者（瑞士大多数有机农户）分发。

---

① http：//www. organicinputs. org/partners0. html

第二章　欧洲国家有机生产法规与管理

一、欧盟有机生产法规与管理

（一）欧盟有机生产发展历史与现状

有机农业起源于欧洲。欧洲各个国家的有机农业所处的发展阶段各不相同，如葡萄牙和希腊，有机市场还处在早期发展阶段。意大利、法国和英国已达到其第一轮繁荣发展期。一些较成熟的市场如奥地利、瑞士、丹麦和瑞典，通过政府的扶持并利用全国零售网络支撑稳步发展，已达较高水平。

据统计，2015 年欧洲有机农业用地达到 1 270 万 hm^2，欧盟有机农业用地为1 120 万 hm^2，占欧盟国家农业用地的 6.2%。欧盟有机用地面积最大的国家依次是西班牙（196.875 万 hm^2）、意大利（149.257 9 万 hm^2）、法国（137.532 8 万 hm^2）、德国（108.883 8 万 hm^3）和波兰（58.073 1 万 hm^2）。有机农业用地增长最多的是西班牙（25.809 5 万 hm^2）、法国（25.648 3 万 hm^2）和俄罗斯（13.929 4 万 hm^2）。2006—2015 年的 10 年间，欧洲和欧盟有机农业用地面积增长了 2/3，在此期间，欧盟 15 国的增长速度（涨幅 58%）要低于欧盟 13 国（涨幅 102%）。在 2004 年欧盟 13 国加入欧盟之前，欧盟 15 国中多个国家的有机农业田就已经增长至较高水平，但到了 2015 年，这种趋势出现了反转，欧盟 15 国增长趋势更明显。2015 年欧洲从事有机生产者的数量达到了 35 万人，欧盟国家约有 27 万人。欧盟国家中，意大利生产者数量最多，有 5.260 9 万人，其次是西班牙 3.467 3 万人，法国2.888 4 万人，德国 2.507 8 万人。

2015 年几乎所有欧洲国家的有机加工商和进口商的数量都有所增长，欧盟加工商数量达到 6 万个，进口商 3 500 个。大部分加工商和进口商都来自欧盟

15 国和瑞士。其中，加工商数量最多的国家是意大利，约 1.5 万个，而进口商数量最多的是德国，约 1 500 个。

2015 年欧洲有机市场实现了 13％的增长，销售额达到 298 亿欧元，欧盟有机销售额 271 亿欧元，整体较 2014 年增长 12.6 个百分点，市场份额和人均消费均处于世界领先地位。德国是欧洲最大的有机市场，有机零售额为 86.2 亿欧元，其次是法国为 55.3 亿欧元，英国 26 亿欧元为欧洲第三大市场，意大利 23.2 亿欧元排名第四。有机市场占国内零售市场份额最高的国家是丹麦（8.4％）、瑞士（7.7％）和卢森堡（7.5％）。欧洲有机食品人均消费最高的国家是瑞士，为 262 欧元，其次是丹麦 191 欧元，瑞典 177 欧元和卢森堡 170 欧元①。

欧洲近年的有机产品贸易发展迅速，全世界约一半有机产品是在欧洲市场销售的。欧盟大多数成员国在有机农业转换及有机生产方面制定了扶持政策。1994 年欧盟开始按面积为有机农场进行补贴（EU regulation 2078/92 规定）以进一步促进有机农业的发展，在 2000 年议程（Agenda 2000）中继续了这一政策。非欧盟国家也为有机种植者提供了类似的补贴。

（二）欧盟有机农业支持政策

欧盟有机农业政策的发展分为三个阶段。第一阶段为 1992 年共同有机农业政策改革以前，虽有部分会员国已制定国家有机农业政策，但欧盟尚未提出共同的有机农业政策。第二阶段为 1992 年至 2004 年间的“CAP 有机农业补贴措施时期”，欧盟在 1992 年又一次进行 CAP 改革，提倡保护环境和减少生产过剩以节约公共支出，并设立农业环境项目对有机农业转轨和有机农业生产进行补贴，要求会员国必须依规制定包括有机农业补贴在内的措施，从而推动有机农业发展，可以视为早期主要的有机农业政策。第三阶段为 2004 年制定欧盟有机行动计划以后的“有机农业行动计划时期”，此时期的有机农业政策延续第二阶段的 CAP 有机农业补贴措施，但进一步扩展为整合性的政策，施政重点扩大至有机法规、有机消费市场发展、信息倡导以及研究等多方面，期待

① FiBL，IFOAM. The World of Organic Agriculture-Statistics & Emerging Trends. 2016

透过全面性的发展，提升有机消费市场及推动更多农民从业者投入有机生产行列。

“有机行动计划”是欧盟支持进一步发展有机农业的重要措施。“欧洲有机行动计划”始于2004年，目的是支持消费者需求相关的有机农产品市场的发展和有机土地管理的改善，内容涉及有机法规与标准、有机推广运动、相关研究以及农村发展政策等。该计划为欧洲有机农业政策的发展奠定了基础。在一些欧盟国家，有机行动计划与不同的有机支持措施相结合、融合。尤其值得一提的是，有机行动计划在对有机行业优劣势进行详细分析基础上制定，平衡了供给导向的政策措施（区域支付、面向农户提供相关信息等）与需求导向的政策措施（市场帮助、消费者信息活动），力求更贴合各国实际。2013年，27个欧洲国家都制订了有机行动计划，且很多国家制定了量化目标。2014年3月，欧盟颁布实施了新的有机行动计划。不过，新的计划虽然对有机行业发展现状和面临的挑战做了具体陈述，但对未来发展缺乏清晰目标和具体行动，没有提出实现目标的时间框架，也没有设置针对具体行动的预算①。

欧盟国家对有机农业的支持还体现在：

（1）积极扶持有机咨询工作。有机咨询工作包括有机标准的培训、有机生产技术的提供、有机质量控制体系的建立和市场信息的介绍等。欧盟多数成员国注重对有机农业咨询方面的支持，德国、法国、西班牙、挪威、瑞典、瑞士还成立了专门的咨询机构，国家对这些机构给予财政支持，英国在其生产的前3年就开始对有机生产的农户给予培训补贴。

（2）重视有机农业领域的科研工作。欧盟各成员国如德国、法国、西班牙、挪威、瑞典、瑞士、奥地利、荷兰、波兰、葡萄牙、丹麦等国的大学均有专门的人员从事有机农业方面的研究工作，开设有机农业课程，培养专门人才，意大利国会还建立专门基金，资助开展有机农业研究。从历史上看，西欧在20世纪90年代中期就出现了许多政府资助的有机农业研究机构，如丹麦建立了有机农业研究体系（丹麦有机农业研究中心DAR-COF)。从90年代末期

① FiBL and IFOAM Europe，Organic Action Plans-Development，implementation and evaluation，http：//orgprints.org/13481/1/manual.pdf

开始，其他国家的国立研究机构也日渐发挥出重要作用（如法国的 INRA、德国的 FAL）。2002 年，欧共体开始寻求在欧洲范围内的合作，2003 年成立了国际有机农业研究协会（ISOFAR）促进国际科学研究机构间的科技交流。

（3）资助有机农业认证。一些国家直接扶持有机认证机构，如德国对国内的有机认证机构免除部分税款；挪威认证机构经费预算的 2/3 由政府资助；波兰按照认证检查的面积给予一定的补贴。

（4）制定发展有机产品市场的政策。60%以上的欧盟成员国制定有市场销售的支持政策。丹麦、奥地利、法国、爱尔兰等国制定了专门的计划，芬兰政府成立了专门组织，设立了专项资金支持本国的有机产品销售；德国以补贴形式支持有机产品市场的开拓，并统一有机产品标识；荷兰以低息贷款政策进行扶持，制定严格的市场准入制度和公平交易制度，以农产品自身的产品链为核心，把产前、产中、产后的各项活动联结为一个有机整体。在有机产品国际贸易方面，德国从 1990 年开始、每年一次的 Biofach 国际有机产品博览会，已成为全球最具影响力的有机博览会，它显示了日益增长的有机产品市场的重要性，为致力于有机产品生产和贸易的机构和个人提供了展示其产品、服务的舞台。

（三）欧盟有机生产法规及其演变

欧盟委员会（EU Commission）于 1991 年公布了首个关于有机农业的规定，即（EEC）2092/91——《农产品有机生产与农产食品有机生产标准》，制定了有机产品生产与标识的规范。欧盟有机产品标准（EEC）2092/91 从制定以来到 2006 年公告的最后一次修订规则为止，已历经将近 40 次的修（增）订[①]。

欧盟的有机认证范围最为广泛，除了农产品、畜产品、饲料、野生采集、食用菌（国外认证一般都包括这几类），还包含对生物农药、有机肥、水产品、海藻、酵母、蜂产品等有机认证。

---

① http：// ec. europa. eu/agriculture/evaluation/market-and-income-reports/2013/organic-farming/chap11 _ en. pdf

2004 年 6 月，欧盟委员会公布了关于有机农产品和有机农业的欧洲行动计划，在计划中提出要对 2092/91 号规定进行修订。欧盟 2007 年 7 月 20 日公布了关于有机生产和有机产品标识的 EC 834/2007 号规定，2009 年 1 月 1 日生效，同时废止 2092/91 号规定。834/2007 号规定确定了欧洲有机生产的目标、原则和操作方法，以及对植物、牲畜生产，水产，复合饲料，产品加工等的要求，在附录中还包括允许使用物质的批准标准。2008 年 9 月 18 日公布了该法规的执行规定（EC）No 889/2008，包括植物与牲畜生产、加工产品、包装、运输与存储、标识与检验等方面的具体执行规定。（EC）No 889/2008 与（EEC）2092/91 规定的附录内容相似，一般认为该规定与 2007 年的规定是一体的。有关水产养殖、海藻和酵母生产的具体规定列入（EC）No 889/2008，并且其附录Ⅰ提出了主要肥料、土壤改良剂的清单[①]。

2007 年规定与 1991 年版本在投入物质管理方面的最大区别就是新的规定设定了允许使用物质批准程序的标准（第 16 条和 21 条），如成立有机生产技术咨询专家组（EGTOP），帮助欧委会对有机生产产品、投入物质和技术等的评估。EGTOP 2009 年成立，此前欧盟都是临时组成专家组帮助对投入物质进行评估，平均要经历 5 年或更久，EGTOP 运行后，如果各方面条件没问题，成员国及时递交材料，一种投入物质评估通过的时间最短可以缩至 2～3 年。

2014 年 4 月 8 日，欧盟发布（EU）No 355/2014 号委员会实施条例，修订针对（EC）No 834/2007 号条例中关于从第三国进口有机产品的安排而制定实施细则的（EC）No 1235/2008 号法规。欧盟委员会称，（EC）No1235/2008 号法规附件 IV 提供了为实现“等同性”目的而有资质进行有机产品管理并发布证书的第三国有机认证与管理机构清单，但根据欧盟委员会了解的最新信息，需要对附件 IV 做部分调整。

2014 年 7 月，欧盟新公布了 EU 836/2014 规定，对 889/2008 规定中有关牲畜生产和蛋白饲料的内容进行了修订。该法规将使用非有机蛋白的特殊条款延长至 2017 年 12 月 31 日，将批准猪和家禽使用无机蛋白饲料 5%最大百分比

---

① http：// www. focus-balkans. org/res/files/upload/file/2% 20FOCUS-BALKANS _ EUpolicy _ Ecozept. pdf

的年限更改为 2015 年、2016 年、2017 年。本法规自发布后第 20 天起生效，并于 2015 年 1 月 1 日实施。

另外，欧盟现行规定禁止使用 GMO，要确定投入物质是不是非转基因可按“2001/18/EC 指令”的标识进行[①]。

（四）欧盟有机生产管理体系

欧盟有机监督管理可分为四个层面：

第一层面为欧盟。欧盟理事会负责有机法律法规的制定，而欧盟委员会作为欧盟的执行机构，则负责标准细则的制定和贯彻执行，其中包括对有机农业投入品的批准和第三国权威机构（competent authority）及认证机构（control authority）清单的制定，并向欧盟理事会提交相关报告及建议。此外，欧盟成立了由成员国代表组成的有机生产管理委员会，与各国有机行业管理部门开展密切合作，共同制定欧盟有机法规，并确保相关法规得到统一应用。有机农业咨询小组（Advisory Group on Organic Farming）是欧盟委员会有机生产领域决策的另一个重要支持组织，它由来自国际有机农业运动联盟（IFOAM）、欧洲消费者组织（BEUC）、欧盟农民组织联盟（COPA）及欧盟农业合作联盟（COGECA）、欧洲酵母协会（COFALEC）等技术和商业利益团体的代表组成[②]。

第二层面是成员国权威机构。欧盟规定各成员国应指派权威机构执行对国内有机认证认可工作的统一管理，通常由各成员国的农业部或农业部的下属部门担任。例：英国的有机产品标准（No. 1604 The organic Products Regulations 2004）明确规定由英国食品、环境和农村事务（Defra）部担任权威机构。

第三层面是认可机构。权威机构可以自身承担认可机构的角色，也可以委派特定的机构执行认可。例如在英国，农业部并不直接对认证机构执行实地审查工作，而是委托英国皇家认可委员会（United Kingdom Accreditation Serv-

---

① http：//www.organicresearchcentre.com/？go＝Policy%20and%20debates&page＝Organic%20regulations http：//www.organic-world.net/yearbook/yearbook2015.html

② http：//ec.europa.eu/agriculture/organic/eu-policy/eu-legislation/regulatory-committee/index_en.htm ice，UKAS）执行，UKAS形成审查报告后递交农业部审阅，由农业部判定认证机构是否符合认可规范。

第四层面是认证机构。欧盟的认证机构分为两类：官方认证机构（control authority）和民间认证机构（control body）。官方认证机构是权威机构部分或全部授权的某些公共管理组织，而民间认证机构是完全独立的第三方机构。以意大利为例，其有机认证可以由被确认资格的民间组织认证机构执行，也可以由农林部（Ministry of Agriculture and Forestry）或区域发展委员会（Regional Boards）来提供的官方检查。认证机构实施认证的依据为欧盟理事会标准（EC）834/2007、欧盟委员会标准（EC）889/2008和补充标准（EC）710/2009和（EC）271/2010，或由成员国制定的高于上述标准要求的法规或标准，或由认证机构制定的高于成员国相关要求的法规或标准①。

二、瑞士有机生产法规与管理

（一）瑞士有机农业发展历史

瑞士大部分是山区，只适合畜牧业发展。畜牧业占了农业收入2/3（乳业：36%；肉类和其他动物产品：34%），1/3来自于农作物生产（耕地作物：11%；水果和蔬菜：10%；葡萄酒：7%；其他作物：2%）。大多数农场都比较小（像有机农场和常规农场的平均规模为15～20 hm^2）（瑞士联邦农业办公室，2002年）。在有机农业用地方面，分布情况也与上相似，阿尔卑斯山区的有机土地占比较大，而在西部平原地区，耕地和园艺作物种植占主导地位，这里的有机用地比例较低。根据2007年的统计数据，瑞士有机农业用地中，永久草场占84%，耕地占14%，永久作物用地占1%，其他为1%。

1924年，鲁道夫·斯坦纳制定了一个新的耕作方法原则，他在“自然农业”（农业课程）系列讲座中阐述了这个理论，并建议在实践中发展这些方法。其原则一个主要方面是对人造的（合成）矿物肥料的排斥反应。1928年，霍夫施泰特尔·明娜受到“改革运动”和素食主义的启发，开始发布关

① http：//www.tbtguide.com/bzhyjs/ztyj/spaq/yjncp/omyjncp/201312/t20131210_55426.html

于有机园艺的学说。在接下来的几十年里，许多农民在没有协调统一的情况下尝试对这些学说进行实践。斯坦纳的思想演变成生物动力农业。在瑞士，1946 年汉斯·穆勒和玛丽·穆勒帮忙成立了有机农业机构 AVG Galmiz（现被称为 Bio-Gemüse AV-AG），这是一个专门销售有机产品的农民合作社，制定了有机生产指导方针并销售带有标识的产品，与当前有机产品销售方式相似（虽然他们从 BIO SUISSE 分开了很长时间）。

到了 70 年代，瑞士农业实践已经发展为现代有机农业。20 世纪 60 年代到 70 年代，瑞士有机农场从 500 家增加到了 1 000 家。1973 年，FiBL 成立，并在后来发展成为世界主要的有机农业研究中心之一。

80 年代，瑞士有机农户联合会成立了保护性组织 Bio Suisse，并着手制定自己的有机生产标准。到 1990 年，瑞士有机农场转换比例稳步提高的状态已维持了近 40 年，平均年增长率几乎达到 10 个百分点。1990—2007 年的十几年间，瑞士有机农场数量从 800 家增加到 6 350 家，2007 年有机经营的土地已超过 12 万 hm^2，占到农业用地的 12%①。

（二）瑞士有机生产与市场概况

根据 Bio Suisse 2003 年公布的数据，2003 年瑞士 10.8%的农场为有机农场(6 466 个)，这些农场大多数都分布在山地和丘陵地带，主要生产牛奶和肉类，而水果、浆果、蔬菜和葡萄酒由于生产困难而产量不足。

最初，有机产品主要是由农民自行销售和保健品店销售。两个大型连锁超市 Coop 和 Migros 开始销售有机产品之后，有机产品销售额迅速增加（Coop 和 Migros 分别于 1993 年和 1995 年开始销售）。2003 年，瑞士 50%的有机产品是由Coop 销售的，24%和 16%分别由 Migros 和保健品商店销售。Coop 的有机产品占食品销售总额的 7%（食品中牛奶占 12%，胡萝卜占 20%）。

近年来，瑞士有机农业持续发展，有机市场不断壮大，人均有机产品销售额为世界最高。截至 2013 年，瑞士有机经营土地面积约为 12.9 万 hm^2，比

---

① Urs Niggli，with updates by Helga Willer，Organic Farming in Switzerland 2008，FiBL，http：//www.organic-world.net/fileadmin/documents/country _ information/switzerland/willer-niggli-2008-switzerland-2008.pdf，2009-07-09

2012 年增加了 5 000 hm^2，有机生产者人数为 5 884 人，加工者人数为 847 人。2013 年有机行业零售额达到 1.69 亿欧元，有机产品市场份额达到了 6.9%，零售总额和市场占比都比 2012 年要高。主要销售产品为蛋类（收入占比为 21.2%），新鲜面包20.3%，土豆 12.9%。有机产品主要通过一般的零售店，还通过零售专卖店、农场直接销售及其他渠道销售。数据显示，2013 年瑞士 1/3 的消费者一周都会购买几次有机产品，人均有机产品消费达到 207.8 欧元①。

2014 年，瑞士有机农业用地较上一年有所增加，占到了全部农业用地的 12.7%。人均有机产品消费仍居世界首位，有机市场需求增长了 7.5%，有机产品销售额增加到 22 亿瑞士法郎（18 亿欧元），人均 221 欧元。

（三）瑞士有机法规与标准

1980 年，5 个区域性有机农民组织决定采用有机生产的共同准则。瑞士 90%～95%的有机农户都加入了 Bio Suisse，如今，Bio Suisse 标准已经为人们所熟知，瑞士是欧洲唯一一个所有有机农民组织同意采用相同私人有机标准（Bio Suisse，2003b）的国家。Bio Suisse 标准类似于 EC 2092/91，但也有一些额外的要求，例如：整个农场必须转换为有机生产；对作物轮作的最低要求；要有生态补偿区以增强生物多样性；含铜杀菌剂有更严格的限制（1.5～4 kg/(hm^2・年)，这取决于作物）；要求营养均衡等。

1995 年，瑞士第二大有机农业项目组织“Migros-Bio”成立。Migros-Bio 的生产标准与 Bio Suisse 处于同一水平，但加工和进口标准不及其严格。

1998 年，《瑞士有机生产条例》生效（Bio-Verordnung；Verordnung uber die biologische Landwirtschaft und die Kennzeichnung biologisch produzierter Erzeugnisse und Lebensmittel）。它包含的规定类似 Bio Suisse 的标准。虽然瑞士不是欧盟成员，但是瑞士有机法规根据 EC2092/91（Autonomer Nachvollzug）修订内容定期修改，以促进市场的协调和相互认可。《瑞士有机生产条例》授权私人机构对有机农场和加工厂进行认证和检查，但要按照 EN45011 法规实施认证和检查计划，检查与认证机构的认可工作由瑞士

① http：//www.organic-europe.net/country-info/switzerland/country-report.html? L=0

联邦计量与认证办公室（METAS）负责。

瑞士有机农场的主要认证机构是 Bio. Inspecta 和 Bio Test Agro，加工企业的主要认证机构是 Bio. Inspecta、IMO（Institut für Marktökologie）和 SQS（瑞士质量与管理系统协会），并在 FiBL 的网页上定期更新获得认可的认证机构名单。

（四）瑞士有机农业支持政策

自 1993 年，瑞士联邦政府通过额外直接支付来为有机农业提供支持。草原补贴为 200 瑞士法郎/hm^2，耕地为 800 瑞郎/hm^2，园艺作物是 1 200 瑞郎/hm^2。此外，对于向至少有 7%生态补偿区和动物友好畜牧业系统的所有农场所提供的补贴，有机农场也有权获得。

根据生产成本，不同的有机产品价格和价差有很大不同。有机农场主为他们的产品支付比传统农民多 20%～100%的成本，加上补贴后有机农民的收入与传统农民相差无几①。

瑞士所有州都面向农户提供有机农业转换方面的介绍性课程，这些课程主要依据 Bio Suisse 的标准而设置，要求农户初次获得认证时要接受至少两天的培训，除了各州官方的咨询中心提供这类课程，像 FiBL 这样的研究机构以及地方性的有机农户协会也提供很多相关课程，并举办各种会议。许多农业类大学还提供有机农业学徒培养方面的课程，以满足有机农业对学徒日益增长的需求。

另外，各州的咨询服务机构也为农户提供专业建议，主要是转换期方面的技术支持以及补贴政策等方面的咨询服务。作为州服务机构工作的补充，FiBL 也为农户提供诸如动物健康、园艺种植、葡萄酒制作、畜禽养殖、放养牛增肥等各领域的专业技术支持②。

---

① Current Evaluation Procedures for Fertilizers and Soil Conditioners Used in Organic Agriculture, Proceedings of a workshop held April 29-30, 2004 at Emerson College, Great Britain

② Urs Niggli, with updates by Helga Willer, Organic Farming in Switzerland 2008, FiBL, http://www.organic-world.net/fileadmin/documents/country_information/switzerland/willer-niggli-2008-switzerland-2008.pdf, 2009-07-09

三、瑞典有机生产法规与管理

(一) 瑞典有机农业发展历史

瑞典有机农业发展起步较早并处于世界领先地位，IFOAM 成立之初，瑞典就加入了该组织。20 世纪 70 年代末和 80 年代初，瑞典社会出现了一场有关食品和农业的讨论，讨论的焦点主要在食品营养的流失、对家畜的不道德对待以及农药残留问题。加上因生产过剩而消耗的资源也越来越高，有机现象引起了越来越多人的关注。一些高度认同有机农业理念的组织成为首批实践者，最知名的如生物动力协会、有机生物学协会和自然生产者协会。同时，瑞典最大的食品经销组织——消费者协会也在政策层面有力地推动了有机农业市场的发展。

为了更好地影响政策、打开有机农产品的市场，1985 年全国替代型农业生产者协会应运而生，并迅速成立了瑞典有机食品认证中心（KRAV），开始推广 KRAV 品牌。1985 年，进行有机生产的农场面积得到突破性的增长，达到 1 500 hm^2，约占全国耕地总面积的 0.15%。

1989 年，瑞典农业部发布了一项决议，鼓励全国农民从事有机化生产，并在瑞典农业科学大学中设立了有机农业专业，聘请了 3 个有机农业顾问。从此，发展有机农业成为瑞典的基本农业政策之一。

1993 年，全国替代型农业生产者协会提出了“到 2000 年实现有机农业占耕地总面积 10%”的口号并得到议会的一致通过。1994 年，农业委员会联合瑞典生态农业生产者协会和瑞典有机食品认证中心启动了以此为目标的“2000 行动计划”，加上当年瑞典加入欧盟，能够获得欧盟资金支持，瑞典的有机农业有了高速发展。1995 年，有机农业用地面积扩大到 8.3 万 hm^2，占耕地总面积的 3.2%。

2006 年，瑞典政府于新一期的有机农业五年规划里，提出“2010 年有机耕作面积要占全国耕地总面积的 20%，同时增加有机牛奶、鸡蛋和肉类的认证”，从而进一步刺激了普通农场朝有机方向转化。到 2010 年，瑞典已经获得有机认证的耕地为 33 万 hm^2，占全国耕地总面积的 10.7%。

（二）瑞典有机农业发展现状

瑞典人对自然的重视使得他们更愿意消费有利于环境保护的产品。一份2009年的调查显示，瑞典人口中超过10%的人口愿意尽可能地消费有机食品。瑞典人每年在有机食品上的平均花销为76.92欧元，仅次于丹麦、瑞士和奥地利，居欧洲第四。

瑞典国家统计局的数据显示，在2010年，瑞典有机食品的零售额达到1 880亿克朗，同比增长6%，约占所有食品销售总额的4.1%。

从食品类别来看，在2010年瑞典的有机食品市场中，销售额排名靠前的有肉类（340亿克朗）、奶制品和蛋类（307亿克朗）、面包和谷物（286亿克朗）以及糖果类（207亿克朗）。但仅就单个食品类别的有机市场来看，有机肉在所有肉类中的销售额只占1.4%，排名垫底；而奶制品和蛋类却以7.4%的比例列居第二，仅次于咖啡、茶和巧克力类（7.8%）。

较2009年，2010年的有机婴幼儿食品销售额增加了23%，起酥油、酸奶以及奶油的销售增速也在10%以上。另外值得注意的是，近年来有机酒类的销售大幅增长（Statistics Sweden，2012）。2004年，酒业巨头Systembolaget销售的有机酒精饮料只有27个品种，到2010年便增加到了120种，而且销售额较2009年上浮了41%，是当年表现最为突出的有机食品类别。

在有机食品的市场中，进口份额约50%。瑞典进口最多的有机食品包括咖啡、热带水果、蔬菜和茶，绝大多数来自于中美洲、南美洲、南非和地中海国家。进口有机水果在过去10年里是瑞典进口增速最快的有机食品类别之一，其主要品种包括香蕉（37%）、鳄梨（23%）和杧果（17%）。

有机食品通常要比普通食品价格高1～2倍，以牛奶和鸡蛋为例，2012年1月，每千克普通牛奶和鸡蛋的价格分别为3.38克朗和13.5克朗，而每千克有机牛奶和有机鸡蛋的价格分别为4.38克朗和22.6克朗（Statistics Sweden，2012）。

（三）瑞典有机生产管理体系

在有机食品的生产与销售方面，瑞典农业委员会和国家食品监督局是政府的主管单位，但具体的监控和认证过程却是由两个非官方的独立机构来完成的，即瑞典有机食品认证中心（KRAV）和得墨忒耳协会（Demeter）。其中，KRAV是国际有机农业运动联盟的成员之一，在瑞典的有机农业发展中扮演了最重要的角色。KRAV有着严格的食品检审标准，在1995年瑞典加入欧盟以后，KRAV的认证要求与欧盟的2092/91号规定进行了对接。针对农产品生产、加工和销售的各个环节，该中心总共制定了19章规定，有些要求甚至比欧盟的还要严格。2010年，这一组织认证的有机食品达到了6 000种。成为瑞典最知名的认证机构，其标志也成为消费者信任度最高的食品标识。

除了下属于KRAV的机构Kiwa Aranea Certifiering AB外，还有另外3个由瑞典国家食品管理局认可的私人机构可以为有机食品进行认证，它们分别是SMAK AB、HS Certifiering AB和Valiguard AB。

（四）瑞典有机农业支持政策

在推行有机农业方面，瑞典政府起到了非常大的作用。为了引导农场尽量减少对环境的破坏，在1982年和1986年，政府分别启动了对化肥和农药的价格规制。在1989年，瑞典政府开始对有机农业实施财政补贴，1 781个农场获得了为期3年的首批补贴。政府要求这些农场的面积不小于2 hm^2，而且必须按照瑞典农业事务管理局的要求来进行有机生产，平均每年每公顷补贴700～2 900克朗（1瑞典克朗约合0.89元人民币，2012）。补贴的农作物有谷物、油料作物、豆类、马铃薯和糖料作物，以及部分青贮饲料。

1995年，政府接纳了瑞典生态农业生产者协会的建议，启动了“2000行动计划”，旨在到2000年实现有机农业占耕地总面积的10%。同年，由于瑞典加入欧盟，接受了共同农业政策下的《农业环境规定》，销售收益在农场收入中的比重明显下降，而“农业环境项目”给予的补贴成了有机农场的大额进账（Lockeretz，2007）。补贴主要是按地域来划分的：平原地区每公顷可获得184欧元，林区可获得103欧元；在养殖方面，从事养殖业的农场可获得平均每头牲畜46欧元的补贴。在2001年欧盟实施新的“农村发展项目”后，补贴制度也随之做了改动，新的制度考虑到了不同作物的成本和收益，同时也增加了有机养殖方面的补贴比重，从而刺激了农业生产的结构性转化。根据2010年的补贴水平来看，在有机生产的各类农作物和养殖品种里，谷物、蔬菜和水果分别获得了平均每公顷 160 欧元、556 欧元和 833 欧元的补贴，而从事养殖业的农场获得的补贴在 90～180 欧元①。

除了对有机生产者提供补贴，瑞典政府还加强对有机农业研究的管理和支持。1996 年由林业和农业研究管理局发起了首个政府支持的有机农业研究项目。1997 年，瑞典农业事务管理局启动了针对有机农产品生产的应用性研究，其重点领域为初级生产技术的研发，仅在 2000—2005 年，瑞典农业事务管理局平均每年的有机科研投入就高达 1 400 万欧元。2001 年，瑞典政府又拨款给瑞典农业科学大学，启动了一个名为 Ekoforsk 的项目，重在解决有机农产品生产的瓶颈问题。除此之外，瑞典政府每年还分别给国家兽医所、国家食品监管局 20 万欧元，用于开展对饲草料、有机食品安全和营养的研究。

四、德国有机生产法规与管理

（一）德国有机农业发展现状

德国有机农业的发展可以分为三个阶段。第一个阶段开始于 20 世纪 60 年代末，当时工业化耕作的负面环境影响和整体污染越来越严重，实践证明了有机农业可以成功开展，该阶段对于推动有机农业的发展非常重要。第二个阶段，国家开始对有机农业提供资助（通过 1989 年开始的欧盟扩大化方案），之后支持有机农业的欧盟 2078/92 和 1957/1999 号法规颁布。第三阶段开始于 2001 年。为了达到 2010 年之前拥有 20%有机土地的宏大政府目标，政府于 2001 年引入了一系列措施，包括改进对有机农业的支持，落实有机农业联邦计划，以及引入国家有机标识等。

统计表明，2001 年 12 月 31 日，德国共有 14703 家有机生产商，大约有 63.2 万 hm^2 土地以有机方式管理，有机农场的比例达到 3.1%，并且以有机方式管理的土地达到 3.7%。而截至 2013 年底，德国已有 23 271 家农业企业从事有机农业生产，总占地面积 106.066 9 万 hm^2，分别占德国所有农业企业和农业总占地面积的 8.2%和 6.4%。有机销售额达到 75.5 亿欧元，成为欧洲有

① 罗江月，唐丽霞．瑞典有机农业发展状况．世界农业，2012（7）：77-81

机生产和消费大国。

德国大多数的有机农场都加入了有机协会，其中规模最大、资格最老的有机农业协会是 Bioland 和 Demeter。2002 年，来自各有机农业协会、有机食品加工行业和有机行会的代表共同成立了“有机食品行业联合会”，成为整个有机行业的保护组织。

（二）德国有机农业支持政策

德国从 1989 年就开始通过公共资助支持有机农业在德国的发展。到 1992 年，欧盟一项扩大化方案禁止农场使用合成化学肥料和农药，并要求畜牧业遵守有机农业基本条例，德国有机农业得到促进和发展。1994 年以后，农户有机农业转换以及后期的经营都可以在农业与环境计划的框架体系内得到支持，而此前只为农户向有机农业转换提供财政支持。德国有机农业主要通过国家针对农村发展的各项计划得到支持，这些资助和支持目前主要根据欧盟 1305/2013 号规定，而欧盟与成员国共同资助的政策也以该规定为依据。德国有机支持政策的制定和实施因州而异，“改善农业机构和海岸保护联合行动计划”（GAK Act-GAKG）是德国有机农业支持政策的法律基础，其中重要的措施包括推动适应市场和地域的土地管理方式（包括有机农业经营），鼓励有机经营农场的农产品的加工和销售，支持市场结构调整和改进，促进农场投资等。如果各州能够在实践中遵循 GAK 框架计划中的各项原则，联邦政府会对这些措施进行共同资助，尽管各州可以在 GAK 计划外制定各自的措施，但为了得到联邦的支持，他们也会尽可能根据计划实行相应措施[①]。德国国家资助中，联邦政府与各州所占比例为 60∶40，而欧盟提供的资助最多可达到公共资助总额的 75%[②]。2002 年以后，德国针对有机农业投资、农场多样化投资以及动物和环境保护行为提供“特殊补贴”，但是到 2007 年以后对有机农业投资的补贴不再执行了。

---

① Hiltrud Niebergand Heike Kuhnert，Support Policy for Organic Farming in Germany，Landbauforschung Völkenrode 1/2007（57）：95-106

② http：//www. bmel. de/EN/Agriculture/Sustainable Land Use/ _ Texte/Organic FarmingIn Germany. html

2004 年，在德国，有机农业从欧盟、德联邦政府和各州政府获得的资助达到 1.2 亿欧元，主要按照面积补贴，平均每公顷有机经营的土地获得 156 欧元。对有机农场投资的特殊补贴共达到了 550 万欧元，占到农业投资支持资金总额的 3%[①]。

除了直接补贴，政府还通过对有机农业相关培训和教育提供间接支持，主要由各州政府制定和实施，既有职业技术学校的培训，也包括高等教育的学术课程，1992—2007 年期间的 15 年里，政府在该方面的支出持续增加。另外，为促进有机行业咨询服务更好地发挥作用，德国自 2003 年通过“联邦有机农业计划”，为有机转换咨询服务提供资助，每个农场最多可获得 60%咨询服务费用的补助，上限为 1 000 欧元[②]。

（三）德国有机农业法规与标准

德国为欧盟会员国，因此有机产品之生产以欧盟有机规范为准。但德国也制定了更适合本国的有机农业相关法律，包含有机农业法案、有机农产品标识法以及有机农产品标识使用条例等。一般而言，德国决定接受或修改标准的权威机构是不同有机生产机构及其标准委员会的代表大会，标准委员会的任务是起草标准并不断地更新。

在德国，一些有机协会制定的指南比欧盟有机农业条例要严格。例如，根据欧盟有机农业条例，一个生产企业可以在某些情况下部分转换到有机农业，但德国的有机农业协会通常规定该企业必须全部转换至有机操作，而且全方位转换至有机生产企业，才能申请公共资助。

德国有机农业法案（ÖLG）为德国有机农业发展提供基本指导并推动欧盟有机条例在德国的有效执行。该法案 2002 年 7 月发布，并根据欧盟有机条例的修订进行调整。对 ÖLG 进一步的修订内容 2013 年 12 月 1 日生效。修订内容主要对欧盟有机农业法规变化进行说明和补充。

---

① Hiltrud Niebergand Heike Kuhnert，Support Policy for Organic Farming in Germany，Landbauforschung Völkenrode 1/2007（57）：95-106

② Hiltrud Niebergand Heike Kuhnert，Support Policy for Organic Farming in Germany，Landbauforschung Völkenrode 1/007（57）：95-106

法案内容主要包括：

（1）认证机构对违规行为承担报告义务。该法案规定，认证机构必须将违规行为或违反欧盟有机农业立法规定的情况通知其主管部门。规定也适用于质疑其来源于其他欧盟成员国生产产品的情况。至于有关其他违规案件的信息报告要求，各州（联邦州）在其职权范围内可以针对检验机构监管制定各自的规定。

认证机构必须保持其每次检查的范围和本企业的名单发送给主管部门，经营者和消费者可以通过互联网查阅被认证企业的清单和状况。认证机构不仅要提供必要的资料给主管当局，且有义务通知对方。

（2）认证检查任务委托认证机构执行。各州（联邦州）委托私有认证机构实施检查，州政府可在各自管理的范围内将全部或部分检查任务交给指定的检验机构。州政府也有权将任务和权力委托私人认证机构。

（3）明确相关管理机构的职能。联邦农业和粮食局有如下的行政职能，即批准在德国的私有认证机构的经营活动，包括编号及批准和撤除；审批被授权的从第三国进口和销售的有机产品；临时批准一些农业源的非有机成分的使用。

（4）要求对家庭外消费进行强制检查。对于社区餐饮酒楼、职工食堂和大型餐饮场所的机构或单位，如果他们的商业市场经营根据欧盟有机农业法规获得有机产品标签，则适用于该项规定。

（5）有关处罚和罚款规定。有机农业违法者可被判监禁一年或最高到3万欧元以下的罚款。尤其适用于在广告上冒用有机生产方法和有机产品标签的情况①。

（四）德国有机认证和检查

根据德国有机法案规定，食品安全检查由各联邦州负责，各州可将检查监督工作全部或部分委托私人机构代理。私人机构在联邦农业与食品局（BLE）

① http：//www.bjchc.com.cn/NewsView.Asp?ID=640&owen1=%E5%90%84%E5%9B%BD%E6%94%BF%E7%AD%96%E6%B3%95%E8%A7%84

许可下获得检查许可和欧盟编号，通常根据国家和机构两个标准开展认证业务，并有义务在网上公示其负责检查的农业企业，在查出违规食品后及时向各州食品安全监管部门汇报。另外，从第三国进口的食品在德国市场销售，也须得到联邦农业与食品局许可。

在德国，产品要以“有机产品”销售，首先要按照欧盟法规通过相关的检查和认证。欧盟允许成员国自己决定由政府部门单独检查认证或者建立政府监管下的私人认证系统，德国采用的是后者。

目前德国联邦层面有16个监管部门对18个获批开展认证工作的认证机构进行监管。需要认证的公司或企业与认证机构之间签订认证协议，承诺按照欧盟有机法规和认证机构认证标准进行操作。认证公司对农场、加工商、进口商每年至少审查一次，费用由待认证企业或农场承担。认证主要是过程性认证，有时候也会对终端产品进行认证，也会根据具体情况取土壤、作物样本并做残留物质分析。

在“过程控制”检查中，有机食品生产和加工商须如实汇报产品生产情况，包括提供土壤、厂房、设备等方面的信息。作为生产企业，有义务记录从原料到产品的全部生产过程。例如，农业企业须出示详尽的耕作计划、购买种子和肥料的数量、交易对象等信息；而面包商要提供小麦来源、烤面包师傅姓名等信息。这样可以保证在产品出现问题时追溯至生产者。按照规定，如果农业生产企业同时经营有机农业和传统农业，传统农业部分也需要出示生产记录。

与种植业监管类似，牲畜饲养者须记录饲料购买、动物买卖、疾病预防与治疗等情况，肉食加工商则要出示配料表、添加剂使用等记录。一旦查出问题，违规产品不能冠以“有机”标志出售。

欧盟2007年有机法规对农场、加工商、存货商、销售商和进口商提出了最低检查要求，因此德国认证机构要求生产与加工商必须明确生产场所、建筑和设施，要提供产品加工各个阶段的投入物质和产品清单，销售的任何产品都要做记录，说明是什么，销售量和销售对象，以确保产品的可追溯性。此外，2010年1月以后，德国政府要求认证机构遵守有机认证程序中规定的详细的品质保证措施①。

五、英国有机生产法规与管理

（一）英国有机农业发展概况

英国有机农业种植方面拥有非常悠久的历史，1946 年英国土壤协会的成立是一个重要的里程碑。尽管起步较早，与其他欧洲国家相比，英国的有机市场直到 20 世纪 90 年代才逐渐开始发展。这主要是由于英国消费者对有机产品缺乏兴趣以及政府对该行业的支持力度不足导致的。自 20 世纪 90 年代末以来，英国对有机产品的需求开始显著增长，特别是对有机奶制品和肉制品的需求直线上升。这主要得益于一些零售商的参与及他们对有机产品的推广力度加大。2008 年，英国一跃成为欧洲第三大有机产品消费市场②。

到 2013 年年底，英国有机用地为 57.6 万 hm^2，进行有机生产的土地规模占农业用地的 3.3%。

2013 年英国有机市场规模居欧盟第三，仅次于德国和法国，有机产品销售额达到 17.9 亿英镑，较之前增长了 2.8%，扭转了之前有机市场规模萎缩的局面。其中，有机蔬菜销售额增加了 3.4%，有机猪肉、鱼肉和家禽销售增加 2.2%。零售、专营店、家庭配送、“箱式计划”的箱装销售、在线销售等的增长量比较大，超市有机产品销量也增加了③。

由此可以看出，英国有机行业近几年市场回到了增长期，并将长期维持良好的发展势头，预计 2016 年市场规模能达到 20 亿英镑④。

（二）英国有机农业支持政策

随着消费者对有机产品需求的增加，为鼓励有机农户的生产积极性并帮助其度过有机转换期，英国政府先后推出了多种财政补助。1994 年首先推出了

---

① http：//www.bmel.de/EN/Agriculture/SustainableLandUse/_Texte/Organic FarmingIn Germany.html

② http：//www.dxkj.gov.cn/jsfw/detail.php? n_no=265236

③ http：//www.gov.uk/guidance/converting-to-organic-farming#introduction

④ http：//www.nfuonline.com/sectors/organics/uk-organic-market-continues-to-grow/

“有机资助计划”（Organic Aid Scheme，OAS），但由于该计划提供的补助低于其他国家，后又在1999年推出了“有机农业计划”（Organic Farming Scheme，OFS）代替原来的补助计划，同时适应欧盟2092/91有机法规修订的内容，将补助扩展至畜牧业。OFS计划补助额远高于OAS计划，为有机农户顺利实现有机转换提供更大的帮助。计划针对农户有机转换期间经营成本的增加和收入的降低，为每个农户一次性提供750欧元（当时约合720英镑）的资助①。

2003年以前，英国政府主要提供有机转换期的支持，而2003年6月，政府开始通过OFS计划提供转换期后的支持。很有可能这种支持是英国2003年中期以后有机耕种面积减少但有机生产者和种植者人数却增加的原因。2005年3月以后，OFS计划不再为新的申请者提供补助。鉴于有机农业比传统农业更有利于环境发展，政府在“环境管理员计划”中开始实施有机参与级管理员（Organic Entry Level Stewardship，OELS）项目，代替了原来OFS计划。部分或全部土地进行有机经营的、没有享受OAS或OFS补助的有机农户都可以申请，但申请前土地应该在有资质的有机认证机构注册登记。如果确认农场主通过实施有机农业计划而提高了土壤健康和肥沃度、改善了生态多样性及地质形态，则政府给予农场主每年每公顷60英镑的补助②。

（三）英国有机生产管理体系

在英国，有机生产整体管理以及有机农业规定的制定由环境、食品与农村事务部（Defra）负责。Defra一方面通过制定欧盟有机农业有机条例指导文件，在国内有机生产管理中融入欧盟相关政策，处理欧盟有机条例减损请求，批准有机管理机构监督英国有机经营人员对欧盟条例的执行，批准行业经营者进口有机产品等确保欧盟关于有机生产的规定在英国得到正确贯彻和应用；另一方面通过有机参与级管理员（Organic Entry Level Stewardship）制度为英国有机种植和养殖户提供财政支持。OELS主要针对实施有机作业的农场设置。如果确认农场主通过实施有机农业计划而提高了土壤健康和肥沃度、改善了生

① http：//ageconsearch. umn. edu/bitstream/44173/2/323a. pdf

② Christopher Barclay，Organic Farming and Food，http：//researchbriefings. parliament. uk/ResearchBriefing/Summary/SN01203#fullreport

态多样性及地质形态，则政府给予农场主每公顷60英镑的奖励。

对于有机生产的日常管理，Defra将其委托给有机农场主与种植者公司、有机食品联合会、土壤协会认证公司、有机信托公司等10家有机管理机构（control bodies，详见“有机管理机构”文件）代行。对此，Defra专门制定了一个管理指南，确定有机管理机构和经营者在管理中必须遵守的流程。此外，还指定英国皇家认可委员会（UKAS）对每个有机管理机构进行监管，至少每年要进行一次审查，审查结果报Defra，以确保监管机构有效运行，便于每年公布批准的管理机构。

有机标准咨询委员会（ACOS）为政府提供有机标准制定、有机管理机构批准以及有机生产研发方面的建议，同时在有机管理机构认证许可以及监管工作中发挥重要作用。

英国有机产品的进口管理由Defra与英国港口健康部门共同负责；Defra与各地的贸易标准局共同开展检查，及时发现不按照英国有机认证体系要求出售有机农产品的经营者，甚至对其进行法律起诉。

另外，Defra还负责收集国内有机生产的统计数据并提交至欧盟委员会，同时利用这些数据探查有机行业的发展趋势，为英国制定有机政策提供借鉴参考。

针对有机产品违禁物质检测，Defra在2012年公布了分别面向国内有机管理机构和有机生产经营者的、关于欧盟有机产品检测流程的指导性说明，作为国家统一的操作流程，并就该文件草案进行意见征询。

（四）英国有机生产标准与认证管理

（1）有机生产相关法规与标准。英国有机生产、产品标识和产品监管要符合欧盟834/2007、889/2008、1235/2012等相关规定。英国有机农业标准建立在欧盟有机生产规定基础之上。Defra于2010年公布了“欧盟有机标准指导文件”，诠释并帮助英国有机生产、加工、进口等从业人员以及认证机构更好地执行欧盟2009年生效的规定，同时说明Defra如何在自由裁量权范围内执行欧盟834/2007、889/2008规定。另外，欧盟有机规定在英国的执行主要通过英国国家文书出版署出版的2009/842号和2010/1902号法定文书来实现。这些规定和文件为英国有机农业发展提供了一个有保障的有机种植标准，规范了有机农业的正规化发展。

在具体认证中，英国土壤协会的认证标准与欧盟有机农业法规有一些不同，而其他英国有机认证机构大多采用欧盟法规，其认证标准与欧盟规定个别地方有区别。

从事有机生产的农民、种植者、食品加工人员以及从非欧盟国家进口有机食品的进口商等从业人员在生产或加工有机产品，从非欧盟国家进口有机产品，生产有机动物饲料，或者对销售过程中的有机产品进行标识都要在Defra批准的有机管理机构进行注册登记。接受认证的经营者要确保生产经营过程符合所注册管理机构的标准和要求（可能高于欧盟制定的标准)，由该机构为有机经营者颁布认证证书，并对其资产情况、经营场所等至少每年检查一次。

(2) 有机转换期认证管理。农场经营者的土地在授予有机状态之前必须至少进行 2 年有机生产，果园则至少要 3 年。这类农场扩展经营的畜牧场可以同时转换为有机，即牧场土地和种畜经过两年转换期达到有机标准。进入转换期 3 个月后出生的畜仔，只要土地批准进入有机状态就能按照有机出售。如果能够证明该土地在登记进入转换期之前只投入了允许投入的材料和物质，可以相应地缩短转换期。

希望从事有机生产、进入转换期的农户需要在有机管理机构处注册登记，管理机构会提供转换流程方面的建议。

(3) 有机食品进口要求。从欧盟国家进口有机食品，只要这些产品是欧盟范围内任一家有机管理机构批准认可的公司生产或加工的，就可以按照有机食品出售。进口此类产品的进口商无须再向英国有机管理机构注册登记，但如果进口商要大量囤货，在英国进一步加工或包装这些产品，则需要进行注册登记。

从欧盟外国家进口的产品必须按照欧盟有机标准生产，符合欧盟 834/2007 号规定中 32、33 条的要求。从这些国家进口、出售其产品的人员必须按照欧盟有机规定和通用的消费者食品法规经营。所有的有机食品必须来自经认证并接受常规检查的种植者、食品加工人员和进口商。进口这些产品的人员必须在任一家 Defra 授权的英国有机管理机构进行注册登记[①]。

六、法国有机生产法规与管理

（一）法国有机农业发展历史

20 世纪 60 年代，随着消费者和有机生产者组织对“自然方法”的推崇，有机农业和有机运动开始在法国壮大。20 世纪 70 年代，法国社会各界对集约化、现代农业和化工行业的指责越来越多，认为它们是重大生态灾难的罪魁祸首，在这一背景下，法国有机农业得到发展。IFOAM 成立后不久，法国出现了多个有机农业组织，例如，法国国家农业生物技术联合会（FNAB）、法国生物农业咨询协会（L’ ACAB）、Biocoop 等。

20 世纪 80 年代，农业部提出生产优质产品的新决策方向，推动了有机农业的发展。1980 年 7 月法国政府公布了“第 80502 号农业改革法”[②]，有机农业借此得到了官方的认可。另外，国家还专门成立了全国标签和认证委员会（CNLC），负责推进有机农业的发展，CNLC 下成立的有机部门 Section Bio 负责制定相关标准。期间，植物和动物生产的私有标准（主要是全球性的，如自然与进步党，Demeter 等）与公共标准共存。

随着 1991 年欧盟 EC2092/91 号规定的通过，蔬菜产品的国家标准变得过时。法国有机农业监管系统因基于独立认证机构而得到认可。这些认证机构，必须由政府机构 COFRAC（法国国家认可委员会）认可（如所有在法国经营的所有认证机构），并由 CNLC 授权。ECOCERT 由农学家和顾问创建，成为第一家专门从事有机农业认证的企业，且独立于消费者或生产者组织。

2000 年欧盟关于有机畜牧业的 EC1804/1999 规定出台之后，法国采用了补充性的国家法规，后来农业部公布了一个特殊的国家有机标志（AB 或者生态农业），所有利益相关者都可以根据现行有机农场条例免费使用。

如今，除了为生物动力农业和 EC 2092/91 号规定涉及的一些产品（如酒

① https：//www.gov.uk/organic-systems-and-standards-in-farming

② Ellen L. Mallette，ORGANIC FARMING IN FRANCE：ÀLA MODE OR A MODE OF LIFE?，2014

或盐）贴标及一些 EC2092/91 号规定未涵盖的一些产品，私人标准对消费者没有什么影响。在国家层面，针对鱼和宠物食品生产的具体标准是对 EC 2092/91 规定的补充。为了保证认证机构和利益相关者对当前有机农业有相同的理解，Section Bio 编辑制作了蔬菜种植和畜牧业两方面的“阅读指导”。

20 世纪 70—80 年代，法国有机产品的销售相当缓慢，供给虽然增加但是销售收入有限。到 80 年代中期，农户改变了销售模式，通过超市来销售有机产品，但初期由于产品质量参差不齐，给消费者带来了混乱，从而推动了政府立法规范和官方认可标签的诞生[①]。

（二）法国有机生产与市场概况

2003 年，法国有机农业总面积达 55.5 万 hm^2 土地，共 11 377 家认证农场（增长率：6%）。由于金融支持体系的变化，转换区域面积减少（降低 20%）。有机畜牧业以 5%～6%（具体视物种而定）的速度增加，有机家禽生产继续增长。加工厂的总数从 2002 年的 5 252 家减少到 2003 年的 4 861 家。到 2009 年，有机农场数量增加到了 16 446 家，占到了全国农场总数的 3.14%，有机经营土地面积达到 67.75 万 hm^2，占农业用地总面积的 2.5%，有机产品市场份额占到了全部食品销售的 1.9%，仅 2005—2009 年 4 年间，法国有机产品销售额就从 16 亿欧元增至 30 亿欧元。

2012 年，法国有机农业用地达到 103.29 万 hm^2，其中永久草地和牧场占 36.8%，耕地占 48.6%，永久性作物用地占 8.7%，芳香类和药用植物用地占 0.5%，其他用途占 5.4%。主要的有机农作物为青饲料（28.19 万 hm^2）、谷物（13.32 万 hm^2）、油籽（2.71 万 hm^2），永久性作物是葡萄（6.48 万 hm^2）和水果（13.32 万 hm^2）。

2012 年有机行业就业人数为 3.69 万人，有机产品销售收入达到 41 亿多欧元，有机市场规模较 2007 年翻了一番。主要产品为干杂货、罐装水果和油类、牛奶、奶制品、蛋类、生鲜水果和蔬菜。法国有机产品主要通过零售商、有机

---

① Ellen L. Mallette, ORGANIC FARMING IN FRANCE：ÀLA MODE OR A MODE OF LIFE?，2014

专卖零售店、面包店和肉食店之类的小商店、农场直接销售以及有机餐饮等途径进行销售①。

2014年，法国有机农场为24266家，比2013年增加了4%；有机农业面积约为111.82万hm^2，比2013年增加了4.14%；有机市场销售额为48.3亿欧元，比2013年增加了10.2%。预计到2015年底，有机农业用地将达到125万hm^2，占欧盟28国有机用地的10%；有机市场销售额将达到55亿欧元。有机业从业人员也逐年增加，根据Agence Bio的统计，法国有机业直接提供了10万个全职就业岗位，有机产品消费已成为法国人的重要习惯，9/10的法国人都消费有机产品，这些人中有6/10至少每个月消费一次有机产品，并且他们消费的有机产品76%都是法国本土产品②。

（三）法国有机农业政策法规和认证管理

法国是欧盟首个正式承认有机农业地位的国家，1980年公布的“80502号农业改革法”提出要不断推动农业教育、技术、市场一致性等，要改善土地质量和使用方法，要加强消费者保护和食品标准等。1984年，开始引入AB标识，要求有机产品成分要百分百有机或者加工产品至少包含95%的有机成分。根据AB网站的统计，法国93%的人都知道这一标签，83%的消费者在购买有机产品时会倾向于该标识产品。

1986—1992年，法国分别制定了有机农作物和有机畜产品的标准。到2001年11月，法国政府成立了一个新的国家机构——法国生态农业促进发展署（L’Agence Bio），负责收集和公布相应的数据和协调有机农业公众传播等事宜，并与Ecocert、Agrocert、Certipaq、Qualité France、Certisud、Alpes Controles、Qualisud等认证机构共同进行有机认证和现场检查。

1997—2002年，法国农业部提出有机农业的“国家计划”，其目标是更好地整合对农业发展的各种支持政策，如农场转换期的财政补贴、有机行业经济补助，以及认证培训和咨询、有机农业研究、相关统计等。在此背景下，几种常规

① http://www.organic-europe.net/country-info/france/country-report.html? L=0

② http://www.organic-world.net/index/news-organic-world.html? L=0&tx_ttnews%5Btt_news%5D=1701&cHash=ef05ea1dd1682de8011e453d98fc7791

组织在各自职责范围参与有机农业：国家农艺研究所（INRA）、农业商会（APCA）、国家农业学校（含 FORMABIO）网络组织，他们同时还与其他有机机构合作，如有机农业技术研究所（ITAB）、有机生产者与认证员组织（FNAB）。

在此期间，1999 年农业政策法律为法国有机农业成为农业可持续发展主要模式奠定了基础，并确立了有机农业的发展结构。对集约化程度低且采用环境友好操作方式的农场，主要签署专门合同为其提供有机转换补贴。2003 年，这些合同已经减少，但仍适用于有机转换。

2007 年 9 月 12 日，法国农业部公布了名为“地平线 2012”计划，目标是到 2012 年实现 6%的农业用地为有机生产用地，并希望到 2020 年这一比例达到 20%。计划由法国生态农业促进发展署总体负责，5 年中每年拨付资助 300 万欧元。有机农户要得到补助，要向地方认证机构申请，在其农场、产品、投入物和相关文案经过认证机构核实后被允许进入有机生产转换期，补助金额见表 2-1。不过，这一目标并未成功达到，2014 年初法国的有机农业用地也才占到总农业用地面积的 3.8%，但却推动了有机农业的发展。2013 年 5 月，法国政府实施了“2017 有机壮志”计划，该计划由 CAP 资助，在已有的 300 万欧元的基础上再增加 100 万欧元用于资助有机农业发展，并推动有机食品在餐饮业的使用、有机研发、有机农户的教育、相关法规的发展，并使法国有机农业用地到 2017 年翻一番①。

表 2-1　法国政府对有机农业的资助

种植类型	转换期补助［欧元/（年·hm^2），持续 5 年］	维持期补助［欧元/（年·hm^2）］
园艺农业/果园/林场	900	590
露天蔬菜、农作物、葡萄栽培以及芳香类、药用植物	350	150
一年生作物和临时性草场	200	100
草场和板栗园	100	80

① Ellen L. Mallette，ORGANIC FARMING IN FRANCE：ÁLA MODE OR A MODE OF LIFE?，2014

另外，从 2006 年开始，法国生态农业促进发展署每年都会组织举办国际研讨会，讨论有机农业发展战略的制定和市场的推广。除了探讨欧洲有机农业发展的国际会议，法国生态农业促进发展署还从 2007 年开始，专门针对法国有机业者和有关问题召开年度会议。

欧盟法规是法国有机生产法规的基础，法国在有机产品方面还制定本国的法规和标准来配合欧盟规定，具体囊括了有机产品的生产、加工、销售和欧盟法令里未涉及的领域，进一步明确了欧盟法令的执行条件，还颁布了一些更为严格的条款。如法国于 2000 年 8 月 28 日通过部际委员会制定了法国在有机动物饲养方面的法令。现在法国所有的动物饲养者都必须遵循这项法令（不仅仅是有机动物饲养者）。这项法令在以下几个方面比欧盟的法令更为严格。例如，2008 年之前必须把所有农场的动物饲养转变为有机动物饲养，动物的饲料必须有一定的比例由农场自身提供，在减少药物治疗动物的疾病和寄生虫方面的规定更为严格等①。

法国的认证合格产品标签是国家级农产品食品标签，向消费者保证产品的质量完全符合其标签上所标注的各项特性，保证该产品的生产、加工和包装的方式都遵循既定的规则，并且每一环节都受到认证机构的监控。法国对有机农产品有专门的标记，即 AB 标记，该标记为法国独有。法国有机产品的 95%均有 AB 标记，由质量监督机构认证。法国农业部下设 6 个有机农产品的质量监督机构，它们分别是 Ecocert SARL、QualiteFrance、Ulase、Agrocert、Certipaq、Aclave，后 5 个组织是有机植物和动物产品生产的批准机构②。

七、西班牙有机生产法规与管理

西班牙是欧盟国家中有机农业最有发展活力的国家，2000—2013 年期间，西班牙有机用地面积在欧盟国家增长最高，2013 年达到了 160 万 hm^2，增长了

① 严会超，吴文良．法国预计农业的发展及启示．中国野生植物资源，2005（2）：1-7

② Makoto Hasegawa，Akira Isogai，Fumihiko Onabe. Preparation of low-molecular-weight chitosan usingphosphoric acid [J]．CarbohydrPolym，1993（20）：279-283

4.6 倍①。

（一）西班牙有机农业发展历史与现状

西班牙气候土壤条件具有多种多样的特点，因此西班牙的农业生态系统也富有多样性。农业产品丰富多样，例如，加纳利群岛和一些南方地区的亚热带水果，中部高原盛产橄榄、柑橘类水果、谷物，大西洋沿岸北部和西北部牧场主要生产乳制品和肉制品。西班牙的一些地区既有密集型的农业系统，也有面积广大、保存完好的半自然型土地，传统农业在那里长存（Sevilla 等，2000），那里非常适合有机农业生产（Gonzálvez，2001）。南方地区（主要是安达卢西亚和埃斯特雷马杜拉地区）有一种名为“德埃萨”的独特地中海式农业生态系统。这是一片类似于热带草原的土地，这里树木（多为栓皮栎或圣栎）稀疏，土生土长的牲口在这里自由啃食青草和橡树果。在“德埃萨”的部分地区，谷物、豆类与草场轮种。“德埃萨”的很多土地和其他传统的农业生态土地被认证为有机农产品生产基地。有机葡萄酒和橄榄油生产在全国各地占有重要地位，各地区都有适应当地气候条件的农产品。

西班牙的有机农业开始于 20 世纪 70 年代末，当时的小农场与城市的有机消费者小组建立了联系，有机运动基本由来自于城市的年轻人推动。有机生产和有机消费相关的活动最先出现在东北地区的加泰罗尼亚（Catalonia）。

西班牙的有机农业呈现出缓慢但稳定增长的状态。西班牙通过共同农业政策来支持有机生产的农业环境，支持政策较其他欧盟国家相对较晚，但有机农业补贴政策的引入明显加快了有机农业的发展，尤其是 1996—2003 年期间，有机土地面积和种植者数量都有明显的增长。1991 年生产者的人数是 346 人，加工者的数量是 50 人，已注册的有机耕地的总面积是 4 235 hm^2。2006 年，有机农场的数量比 2001 年增加了 10.28%，从 15 609 家增加到 17 214 家；有机加工者人数从 914 人增加到 1 942 人；有机产品进口商从 28 位增加到 55 位；有机管理的土地面积从 48.507 9 万 hm^2 增加到 92.639 0 万 hm^2。2007 年，西

① Organic agriculture growing in Spain，http：//www.freshplaza.com/article/142734/Organic-agriculture-growing-in-Spain

班牙农业土地约 3.5%进行有机经营，有机农场的平均规模也大于传统农场。另外，西班牙有机畜牧业在这几年发展也非常迅速，2005 年的有机动物养殖农场为 1 879 个，2006 年则增长至2 428 个，有机饲养的动物数量也从 35.919 6 万头增加到 48.922 2 万头。

西班牙各地区的有机农业处于各不相同的发展阶段，农场平均面积和平均产量差异巨大。安达卢西亚地区的有机耕地面积最大（53.726 9 万 hm^2），大约占西班牙有机用地的一半还多，其次是阿拉贡地区（7.051 5 万 hm^2）；农场数量最多的是安达卢西亚地区（6 195 个），其次是埃斯特雷马杜拉地区（3 671 个）。安达卢西亚地区有机农业的发展得益于当地实施了支持有机农业发展的地区性有机行动计划。有机加工企业方面，加泰罗尼亚地区最多（386 家），其次是安达卢西亚地区（351 家）。有机进口商 55 位，多数聚集在加泰罗尼亚地区（31 位）。

西班牙有机土地主要是牧场、草场和大草原；其次是森林和野生采集用地，主要的有机作物是谷物和豆科作物；再其次是休耕地。2006 年有机作物中，橄榄树 93 431.90 hm^2，杏仁等坚果类 44 600 hm^2，芳香类和药用植物 15 051 hm^2，葡萄园 16 831 hm^2，树苗和苗圃 7 419.94 hm^2，柑橘、热带水果和蔬菜等 3 866 $hm^2$①。

2012 年，西班牙有机农业用地面积为 159.319 7 万 hm^2，其中 53.2%为永久草地和牧场，22.7%为多年生作物（橄榄树 16.803 9 万 hm^2，坚果 9.827 2 万 hm^2，葡萄 8.126 2 万 hm^2，柑橘类水果 6 275 hm^2），17.5%为耕地（谷物 17.400 5 万 hm^2，豆类等蛋白质作物 4.519 5 万 hm^2，青饲料 3.497 6 万 hm^2，蔬菜 1.024 5 万 hm^2）。如果包括获得认证的野生采集区域，则为 184.503 9 万 hm^2。有机生产者人数为 30 402 人，有机加工商为 2 790 位，有机进口商 111 位，出口商 127 位，有机零售额 9.65 亿欧元。

---

① Victor Gonzálvez ，Spanish Society for Organic Agriculture，Organic Farming in Spain 2007，2011-6-27，http：// www.organic-world.net/fileadmin/documents/country _ information/ARCHIVE/spain-2007-organic-europe.pdf

（二）西班牙有机生产法规和管理体系

西班牙最早用于规范有机耕作的是 Visa Sana（Visa Sana，1982；1984）的私有标准和有机农业规范 CAE（CAE，1984；1985）。1989 年，西班牙官方对有机农业做出规定，实施“有机农业领域的国家规范”，直至欧盟 2092/91 号规定颁布。起初，西班牙有机农业生产的整体管理由有机农业国家管理委员会（CRAE）负责，1989 年通过了有机生产标识标准的国家法律，CRAE 成为有机农业全面事务的权威机构。之后，西班牙根据欧盟 2092/91 号法规确定颁布了一项新的有机农业规定——1852/1993 号皇家法令，并规定由各地区正式监管有机生产，同时，西班牙农业、渔业和食品部（MAPA）设置一个有机农业咨询组，该组由有机行业利益相关方、地区和中央管理部门和各地公共认证机构负责人组成。CRAE 委员会由不同工作组组成，最为活跃的是“规则、监管与检查”小组，针对欧盟 2092/91 号法规未涉及领域，该工作组制定了 6 个标准，大部分与有机动物养殖有关，具体为“兔肉产品标准”“牲畜复合饲料加工处理标准”“牛奶与奶制品加工标准”“屠宰场肉类产品及其可追溯性标准”“鹿肉类生产标准”“水产品标准水产养殖标准”，这些标准在各自治区分别执行。各自治区也可在特定方面中制定各地自有标准，例如安达卢西亚 CAAE 水产养殖标准。2006 年，该工作组制定了有机红酒标准，并上升为国家标准。

西班牙国家公共认证和监控体系以及 CRAE 标识从 1989 年开始执行，欧盟 2092/91 号法规通过后，西班牙有机监管的权限逐渐下放。

1993 年，西班牙农业和渔业部将有机产品的管理权限转移给 17 个西班牙自治区（ACs），并在 1994—1997 年逐步移交完成。

在有些自治区中，有机农业的认证、检查和管理由区行政政府根据法律规定直接接手，直到由法律设立专门的会议或委员会。其中 3 个自治区（La rioja、Baskenland 和 Castilla La Mancha）的区行政部门自身接手管理有机农业事务，而没有设立任何股东机构或者专门的委员会，但大多数自治区都设有机农业管理委员会或有机农业委员会。在埃斯特雷马杜拉自治区中，有两套分开的机构：一个管理有机产品，另一个管理加工和进口的有机产品（分别为埃斯特雷马杜拉有机农业产品委员会（CEPAE）和埃斯特雷马杜拉有机农产品管理议会（CRAEE））。议会和委员会有更广的股东代表，且必须为区部门预留一些席位，但这些职位均无投票权。主席必须由股东选举，且每4年由注册经营者选举。各区来自地方当局的公共资金有所不同，占公共预算的60％～90％。议会和委员会的法律职能是组织和监督有机农业认证系统，推广有机农业产品以及给区政府制定政策提供建议。两者之间的唯一区别就是他们的法律框架和名称，在实际工作中，两者的规则相似，均有自身的专业团队对有机产品进行检查、管理和认证，并不负责推广活动。现在，西班牙农业、渔业和食品部（MAPA）负责管理从第三国的进口，并在欧盟委员会中代表西班牙行事。

西班牙采用议会或者委员会体系对有机农业进行管控和促进。这一体系确保了有机从业者在认证过程中的参与度，并获得消费者的信任。公共认证机构更容易获得信任，但私人认证机构也逐渐获得了消费者的认可。

西班牙私有认证团体有：Comité Andaluz de Agricultura Ecológica（CAAE），安达卢西亚前公共团体，Sohiscert SA（与ECOCERT连接），BCS-Oekogarantie，IMO，Agrocolor和Ecal（两个新的西班牙私有认证团体，来自传统领域）。只有安达卢西亚具有纯私有认证系统。Castilla La Mancha和Aragon均具有混合系统。有些国际认证团体（例如，瑞士的Bio-inspecta）也在西班牙运转，并与当地私有认证团体合作，因此除了西班牙公共认证团体之外，还有当地私有标准检查，就像来自DELINAT的有机葡萄酒标准。

（三）西班牙有机农业支持政策

1995年，欧盟2078/92号法律被引入西班牙法律，开创了推广环境友好型农业生产的新纪元。国家对有机农场主的财政资助始于1995年，对西班牙有机农业的发展产生了深远影响。但是，与其他欧盟国家相比，西班牙对有机农业的财政资助力度太小。1997年，欧洲农业环保和有机农业计划的财政预算（超过23亿欧元）仅有不到3％分给西班牙（与之形成鲜明对比的是，预算的23％分给奥地利，17％分给德国和意大利，13％分给法国）。此外，西班牙对有机农业的资助率（30%）低于其他很多国家（德国76%，奥地利48%，法国50%）。有机农场主每年都可以获得作物单产的固定补贴款，补贴金额由各区政府决定。在大多数情况下，补贴款金额低于其他欧盟成员国的补贴款。

近年来，在欧洲各国对有机农业问题热议的氛围推动下，西班牙农业、渔业与食品部（MAPA）起草了全国性的执行方案。此外，农业、渔业与食品部于2001年5月11日颁布皇家法令将“生物”以及“有机”（“biologic” and “bio”）一词扩大到非有机产业领域（参见2001年5月26日西班牙国家官方简报第126卷第18、609页以及5月11日颁布的第506/2001西班牙皇家法令，就有机农产品以及有机农产品所用标签事宜对10月22日颁布的第1852/1993号皇家法令进行了修订）。此皇家法令是迫于来自饮用品以及食品加工行业的压力而颁布的，但该法令遭到了西班牙整个有机行业的反对。西班牙有机行业多次公开抗议并寻求国际有机农业运动联盟欧盟分部的支持。西班牙有机行业的两个组织COAG以及CAAE已在地区、国家以及欧洲法庭上提出了诉讼以保护自己的合法要求。在整个欧洲范畴内，欧洲委员会已向西班牙政府两次发函要求其撤回此法令。对此，西班牙政府未予回复，因而欧盟将西班牙政府告上欧盟法庭。对于西班牙有机行业来说，上述法令带来的最大的影响是混淆了西班牙消费者对于“有机”一词的认识。

西班牙尚未对有机农业咨询行业进行相关官方支持。小型的生产集体以及组织经常以合作的形式聘用私人咨询顾问。在有机农业相关的几种杂志中，最有名的是《土地肥力》（*La Fertilidad de la Tierra*）以及《腐殖质杂志》（*Revista Humus*）。农业管理局的地区办公室以及有机行业中的传统农场主组织针对从事有机农业种植的人员开展相关高级培训。在这些培训中有针对大学毕业生的相关课程，也有由私人机构诸如Vida Sana以及西班牙生态农业协会提供的针对具备从业经验人员的课程。一些高校（例如科尔多瓦大学、特纳里夫大学、塞维利亚大学、巴伦西亚大学以及巴塞罗那大学）召开相关研讨会或者在其课程计划中设立有机农业专业。

八、葡萄牙有机生产法规与管理

（一）葡萄牙有机农业发展历史与现状

葡萄牙有机农业发展与其他北欧国家相比相对较晚。1985 年，在开设第一门有机农业课程之后，才有一群对此感兴趣的人联合起来成立了 AGRO-BIO——葡萄牙有机农业协会，并有 2 名有机生产者被认证为有机农户。该协会自成立之后便通过组织展览会和会议，通过使用私立标准进行认证，以及通过向农场主提供培训和技术支持，致力于有机农业的推广和发展。1993 年在首都里斯本，第一家有机消费者合作社 BIOCOOP 成立；2004 年，葡萄牙第一个有机农户市场成立；2005 年，葡萄牙首个有机农业跨职业协会 INTERBIO 成立，INTERBIO 在 2011 年向政府提交了有机行动计划的建议草案，并主持举办了系列高层次的会议，游说政府部门制定国家有机农业战略。

有机农业运动通过地区性协会的发展（到 2005 年有 17 个，包括大陆区域和亚速尔和马德拉群岛），已在地区范围内广泛开展开来，这些地区性协会也会向有机农场主提供技术支持（申请补贴的那部分农场主必须强制接受培训）。

1994 年，葡萄牙引入有机农业补贴措施和其他农业环保措施，使有机农场数量大幅增长。2003 年 12 月，葡萄牙有机农场主总计 1 196 名（占农场主总数的0.3%），有机种植面积 12.072 9 万 hm^2（占农业面积总数的 3.1%）。粗放型生产占据主导地位。畜牧业和谷物生产占有机农业产地总面积的 66%；橄榄树占 26%，而干果类、水果类、蔬菜类和葡萄园总种植面积只占有机农业产地总面积的 5%。

2011 年统计数字显示，葡萄牙有机认证面积 21.97 万 hm^2。葡萄牙有机农产品以畜牧业为主，牧场和人工草场的认证面积占总认证面积的 59.9%。12.2%的有机认证面积为农业耕种土地，生产农产品包括：谷物、马铃薯、豆类、甜菜、工业用作物和饲料作物。有机认证果园和长期种植作物的面积占总认证面积的 14.3%，包括橄榄树、柑橘、葡萄等果树以及干果植物[①]。

---

① http：//www.organic-europe.net/country-info/country-info-portugal/country-report.html？L=1

葡萄牙的有机农业市场仍然在发展初期，占大众消费市场非常小的比例，但仍然是一个非常有前景的市场。在过去的几年中，有机食品在市场中需求量增加，也激增了有机食品专卖店、健康食品店、有机农夫市集等销售平台如雨后春笋般出现。常规超市中也开始有有机产品的销售。即使葡萄牙在面临经济问题的时期，有机食品零售份额也没有下降的趋势。

葡萄牙有机农产品以出口为主，例如有机葡萄酒和有机橄榄油。进口的有机产品为加工产品。

（二）葡萄牙有机农业管理政策及法规标准

1995年以前，葡萄牙有机农业的技术支持和有机认证都由AGROBIO负责，但由于欧盟2092/91号法规颁布后要求独立的机构开展有机认证，推动了有机认证机构SOCERT的成立。1995年，葡萄牙有机农业认证由AGROBIO转移给SOCERT，期间另有4家私人监管机构（SATIVA自2000年起，CERTIPLANET、AGRICERT和CERTIALENTEJO自2003年起）开始进行有机农业认证。这些监管机构由国家主管部门IDRHA（乡村发展与水利研究所）进行监管。

葡萄牙的有机农业严格遵循有机认证要求，在生产中禁止使用人工合成的肥料、农药、生长调节剂和畜禽饲料添加剂，而采用有机肥满足作物营养需求的种植业，或采用有机饲料满足畜禽营养需求的养殖业。

目前，农业部乡村发展董事会（DGADR）是葡萄牙负责有机农业管理的国家机构，该国尚未制定和实施国家有机行动计划，对有机农业的支持主要是欧盟农村发展计划下的转换补贴（按面积），但2011年1月因预算紧张而停止向新加入的农户提供该项支持，对有机认证的财政支持持续到2010年年底。近些年，政府为推动有机行业的发展，也提供了诸如信息发布、创新合作、专业培训等方面的支持措施。

在葡萄牙，欧盟2092/91号规范以及其修订案是有机农业唯一的监管框架。有机农业补贴款在各项农业环保措施（包括第14项有关有机农业的措施）之间的分配受国家475/2001号法令的制约，并基于2001年5月10日I-B系列108号法令进行修订。有机作物农场主和有机作物技术人员的认证（审批）手续受2002年2月28日180号法令的制约。

九、挪威有机农业发展与管理

（一）挪威有机农业发展历史与现状

挪威有机农业始于20世纪80年代，进入21世纪后出现蓬勃发展势头。1931年，首个有机（生态动力）农场建成运营，1973年挪威首个有机消费者和生产者协会Norsk Økologisk Landbrukslag成立，1986年挪威有机产品认证认可中心（Debio）成立，当年，有19个农场获得有机认证。1991年有机农场达到423个，2010年达到3 286个。挪威有机农场的面积平均为13 hm^2，按照欧洲标准来说较小。绝大部分农场种植谷物，主要位于东南部，北部地区有机农场数量非常少。

受气候等因素影响，挪威有机生产地域分布极不均衡。东部和中部的有机种植面积比例最高，为7.4%；西部和北部最低，仅为1.9%。由于有机食品的安全性与优良品质，对有机食品的消费需求在挪威进一步扩大。2001—2004年，挪威有机牛奶的年均销售基本稳定在600万～700万L，有机鸡蛋销售比重一直稳定在60%～80%，有机肉类产品的销售量占20%左右。有机产品的生产和销售虽然不均衡，但销售量和销售比重却在稳步增长，说明有机食品愈来愈受青睐。超市和大型连锁零售业等主流销售渠道开始涉入有机食品销售，比如在挪威就设有出售有机食品的专营店——Helios；在相关超市也有标着有机标签的商品出售，但挪威有机产品在零售贸易中只占1%左右的份额①。

到2012年，挪威有机种植面积达到55 260 hm^2，有机种植户2 590户，有机加工业者和进口商705家，有机产品零售额为2.09亿欧元。有机种植土地中，80%主要为耕地，主要种植作物为青饲料，谷物和蔬菜，18%为永久性草场和牧场。挪威多数有机产品主要通过超市销售，超市渠道销售的有机产品占总数76%左右，其他渠道为零售市场、农贸市场等（23%），直接销售量占总数的1%左右。销售产品主要为：土豆和蔬菜占农产品市场销售总额的2.2%，

① 徐艳文．挪威的有机农业发展．中国畜牧业，2014（9）：52-53

奶制品占 1.7%，谷类烘焙产品占 0.9%，水果和浆果占 0.8%，肉类占 0.3%[①]。

（二）挪威有机农业法规与标准

欧洲有机农业均使用统一标准，挪威有机农业执行四方面标准。一是欧盟有机规定；二是 IFOAM（国际有机农业运动联盟）的基本标准；三是 Demeter 农业国际的标准；四是挪威自身的标准。

挪威还出台相关文件规定了欧盟有机农业规定里没有涵盖的方面，如有机渔业、有机化妆品和有机纺织品等。挪威所有的有机农业生产标准都是由 Debio 董事会指定挪威标准化委员会来起草，由农业部发布实施。为保证有机农作物生长，挪威广泛使用新技术，反对使用化学农药，提倡使用动物粪便为主的农家肥。为了减少病虫害，广泛采用抗病虫的作物种子，并择时播种。为减少单一品种可能导致的问题，提倡农民种植多个品种，并采取轮换种植的耕作方式等。

（三）挪威有机农业认证管理

挪威专门成立了有机农业及产品促进委员会。由挪威环境部、渔业部、知识部、儿童与平等事务部、贸工部、财政部和卫生与护理部等八部委联合组成，负责在不同领域内推广和宣传有机产品及知识。

20 世纪 80 年代，挪威生态协会和有机农场协会共同合作，利用当时的农业国际协会制定的国际标签，出台了挪威有机农业标签方案。该方案将 Demeter 标签用于有机农场。Demeter 和 Biologisk 两个标签的缩写 Debio 成为挪威有机农业的标签。在挪威，任何以有机产品名义销售的农产品都必须经过挪威有机产品认证认可中心（Debio）的检验和认证。外国进口产品已在出口国申领过有机标签的，虽不必在挪威 Debio 申报有机标签，但若想在挪威市场上得到认可，也必须再经过 Debio 检验，并使用其标签。

挪威对有机产品的认证由不同机构负责。其中 Debio 负责有机生产认证，Debio 每年对农田、渔场以及加工、市场流通企业和进口商按照有机生产的规

---

① http：//www.organic-europe.net/country-info/sweden/country-report.html

定检验一次，除固定年检外，还进行不定期检验。截至2005年年底，已经有2 496个农场、354个经营者在Debio检验系统注册；挪威农业检验服务机构负责对传统农业和有机农业初级生产和化肥等添加物使用等的产品质量的控制；挪威食品安全署负责对食品加工、精炼、进口等环节的质量监控。

（四）挪威有机农业支持政策

挪威位于北欧，国土面积37.8万km^2，但80%为森林、山脉、湖泊和河流，且1/3在北极圈内。受地理和气候环境影响，农业在挪威国民经济中所占比重不高。为了保持并推动农业发展，挪威实行补贴等政策，并将有机农业作为农业发展的新方向。

为了更快更好地发展有机农业，1999年，挪威农业部制定了《关于有机农业生产和市场发展的行动计划》（以下简称“行动计划”），政府为发展有机生产提出了具体目标，这给挪威有机农业带来了难得的发展机遇。新的“行动计划”制定了2000—2009年挪威有机农业发展的总体目标和实施计划。根据该计划，挪威有机农田的开发必须和有机市场的开发相匹配，到2015年有机食品生产和有机食品消费要达到15%。实现目标的前提是，有机产品的生产和有机产品的市场需求必须同步发展，而且有机生产必须保证食品安全、产品多样化、保护环境、可持续发展以及增加农民收入等。

为了实现目标，挪威政府制定了一系列政策和措施促进有机农业的发展，并选择了专门的有机田区域，确立有机农业研究课题等。这些措施和研究课题主要包括：提高有机产品田的产量；改善产品质量和产品发展，重点是产品的质量和有机生产方法，以促进农业的附加值；在农民、市场经营者、消费者和政府层面大力宣传和推广有机农业，包括有机农业和有机农业产品的概念；促进有机农业产品的流通渠道等。

一是直接补贴农民。在向有机农场转换期间，每公顷国家付给转换补贴731欧元，对已经完全转换的农场每年按照种植面积付给补贴。其中对种植粮食谷物的农场每公顷付给183欧元，对种植其他谷物的农场每公顷付给134欧元。

二是给予从事有机活动的机构资金支持。扶持的对象是有机咨询服务机构、科研生产机构和认证机构等。1998年，政府给这些机构的扶持资金高达

610 万欧元。在此基础上，挪威政府还特别制定了 2007—2008 年度对有机农业补贴预算方案，不断加大对有机农业发展的支持力度①。

十、奥地利有机生产法规与管理

（一）奥地利有机农业发展历史与现状

奥地利在有机农业发展上具有悠久的历史传统。有机农业发展运动创始人 Rudolf Steiner 就是奥地利人。1927 年，有机农业作为可持续发展的生产方式首次引入奥地利。1962 年，出现了第一个有机农业合作组织，1979 年，奥地利最大的有机农业农民协会——Emte 成立。1980 年，有机农业农民协会制定了有机农作物生产标准，这一标准于 1989 年编入奥地利第一部有机食品法典（Austria Codex Alimentarius，ACA）。1994 年，有机食品开始在超市出售。两年后，市场营销代理（eco-land）出现，旨在提高分散的单个农民的弱势地位，增强农民的议价能力②。

20 世纪 90 年代，由于政府大力扶持，奥地利有机农业发展迅猛。1991 年有机农业生产农户为 1970 家，1992 年激增为 6 000 家，1999 年达到了顶峰，共有 19733 个农场。促进有机农业快速增长的重要原因是，奥地利食品法典在初期制定了有机作物生产和畜牧业指导方针，政府通过转换期间以及转换期后进行补偿支付，为产品进入连锁超市提供有利的市场条件以及有机协会（主要是奥地利 BIO ERNTE，会员占近全部有机农户的 65%）的积极支持等方式为有机农场提供支持。

1999 年的高峰期过后，有机农场数量又出现下降，并持续到 2001 年。在 2002 年，有 17891 个农场主耕种了占奥地利农业用地面积的 12%的有机农业用地。奥地利农业的特点是小规模农业，农场的平均规模为 10～20 hm^2。奥地利大多数有机农场位于高山区。例如在萨尔茨堡，50%以上养殖场是有机的。虽然在奥地利东部地区耕地有所增加，但在农田占主导的地区，有机农场的比

① 徐艳文．挪威的有机农业发展．中国畜牧业，2014（9）：52-53

② 王宝锟．奥地利有机农业．农产品市场周刊，2010（10）28-29

例很少超过 5%（Vogel，Darnhofer，2004）。

奥地利的有机产品在欧盟内享有盛誉，2012 年，有机农业用地共 53.323 0 万 hm^2，共有 2.184 3 万家有机农产品生产企业，约占奥地利全国农业企业总数的 14.5%。有机农业用地中，63.1%为永久性草场和牧场，35.7%为耕地（主要种植物为谷物、青饲料和油籽作物），1.2%种植永久性作物（主要是葡萄、苹果和浆果）①。

奥地利有机市场中，传统的超市连锁店和折扣商店是有机食品销售的主渠道，占据有机食品市场份额的 2/3 左右。另外，有机食品专卖店也占有重要地位，并且在不断扩大其销售占比，新兴起的有机超市也开始吸引消费者。有机产品销售的另一个重要且不断增长的渠道就是有机餐饮。实现营销渠道多元化、完善的市场营销网络体系是奥地利有机农业发展成功的基础。主要的有机产品中，奥地利有机鸡蛋的销售占食品市场鸡蛋销售总量的 18.4%，有机牛奶占牛奶销售总量的 17.8%，有机土豆占同类产品总量的 17.2%，新鲜蔬菜和黄油则分别占比 11.6%和 11%。

（二）奥地利有机农业支持政策

1990 年始，奥地利有机农业得到了欧盟大力的财政支持。1994 年起，按照欧盟农业环保 2078/920 法规，有机农业生产者在转换期前后都可以得到相应的直接财政补助。奥地利政府还对有机食品的市场营销、有机农业协会等专业咨询活动给予适当补贴。

为了推动有机农产品市场的发展，奥地利政府专门推出了一项“有机作物生产区计划”，在全国共设立了 113 个有机作物产区，产品内容涉及肉类、鱼类、蔬菜、水果、奶酪、蜂蜜等。此外，政府出面主导，积极推动加强有机农业与销售业、旅游业和餐饮业的伙伴关系，目前已经拥有了 1 800 多个合作伙伴，通过这些下游产业保证和扩大了有机产品市场②。

除了政府政策支持外，一些热衷于有机农业的企业、社会团体、城市市民

① http://www.organic-europe.net/country-info/country-info-austria/country-report.html? L = 1%20onfocus%3DblurLink%28this%29%3B

② 王宝锟．奥地利有机农业．农产品市场周刊，2010（10）：28-29

等也都自愿对有机农业的生产者和经营者在基础设施和服务等方面提供不同形式的资助。

有机农业协会是奥地利有机农业发展极为重要的因素。一般来说，发展有机农业的农户都依托一个或两个有机农业协会。有机农业协会与政府有机农业推广工作互为补充，相对于政府的工作而言，协会的工作更加细致具体。它主要负责新成员的入会申请、协会成员的组织管理、监督、抽样检查、技术咨询、市场营销等工作。目前，奥地利主要有 ABG、SHS、BIOS、LVA、LA-CON、GmbH、BIKO7 个有机农业协会。

（三）奥地利有机农业管理体系

在奥地利，有机农业主要通过欧盟有机条例进行规范。此外，还通过 BIO ERNTE AUSTRIA 指南的要求进行管理。

奥地利有着三位一体的有机食品认证体系。首先，联邦社会保障组织部的功能是贯彻实施 EU2092/91 法规，主要目标是保护消费者远离假冒伪劣产品，阻止生产者之间的不正当竞争。其次，联邦经济事务与劳动部按照 EN45011（ISO65）规定对有机产品进行检查与认证。最后，联邦农业部、联邦林业部、联邦环境部与联邦水利部主要进行环境保护工作①。

十一、意大利有机生产法规与管理

（一）意大利有机农业发展历史与现状

意大利有机农业的起步相对其他欧洲国家而言较晚：20 世纪 80 年代，意大利国内仅有 1 000 多家有机农场。20 世纪 90 年代，大量农场转而发展有机农业。截至 2000 年底，意大利的有机农业面积达到 104 万 hm^2，约占农业土地面积的 7%，占欧盟有机农业总面积的 25%；有机农场约占全国农场数的 2%，其中有 1 330 个农场拥有有机食品加工厂；共有有机食品加工和贸易公司 2 817 家，另有有机食品进口商 67 家。意大利全部实行有机管理的土地中，有 40% 种植饲料，16%为牧草地，9%种植谷物（大麦、小麦、水稻、玉米），19%为

① 刘瑞峰，陈彤，Rainer Hass. 奥地利有机农业发展的经验与启示．异域观察，2007（10）：62-63

果树（柑橘、苹果、桃子、梨）和橄榄树，6%为蔬菜和工业原料作物[①]。

到2001年，意大利共有56 440家有机农场，有机耕种面积123.764万hm^2，包括从事加工、处理和进口在内的经营者共60 509个。这一大规模的转型主要归功于两大因素：北欧市场的利好良机（特别是蔬菜、柑橘、意大利面、帕尔玛奶酪等特产）以及直接和间接性地区有机补贴。意大利有机农业补贴始于欧盟82/2078/欧盟指令，然后通过授予农村发展计划补助金进行农场改造，很多区域在申请结构性干预资金时，会将有机农场放在发展首位，比如，在申请资金以稳定结构调整时，会优先考虑有机农场。

到2002年年末，有机农场数量为49 489家（包括从事处理和进口的共为55 902家），耕种面积116.821 2万hm^2（比2001年减少7万hm^2），约占农业总面积的8%。主要生产区：以面积来看，最重要的作物为谷类和豆类（27.2万hm^2）、饲料（28.900 9万hm^2）及牧草（2.612 63万hm^2）。以市场关联性来看，蔬菜（1.221 0万hm^2）、水果（4.722 0万hm^2）、橄榄树（10.205 5万hm^2）及葡萄园（3.738万hm^2）为主要方面。

意大利过去数年有机畜牧业有所发展，但其重要性却一直受限。主要原因在于意大利一直在极力精简畜牧业的发展，同时北方国家的发展使得市场竞争更加激烈，畜牧产品通常通过进口满足市场需求[②]。

20世纪90年代末到21世纪初，意大利有机产品消费和利润开始有所增加，推动了许多连锁超市建立自己的有机品牌，不过主要产品还是需要由特产商店提供。2001—2005年，全国对于有机产品（意大利产及进口）的消费大大增加。学校食堂和餐饮业出现了大量有机产品。有机产品在某些地区受到法律的支持和补贴。除国内销售外，意大利生产的有机食品有1/3以上用于出口，主要出口产品有水果、蔬菜、橄榄油、葡萄酒、干酪、酱油、调味品、意大利面制品、冰冻食品、干果、工业加工食品和谷物等。出口地主要是欧洲国家，

---

① http：//www.nongjx.com/News/Detail/54.html

② Bernhard Speiser，Otto Schmid. Current Evaluation Procedures for Plant Protection Products Used in Organic Agriculture［C］，Proceedings of a workshop held September 25-26，2003 in Frick，Switzerland，30-34.

但也有部分出口到美国和日本。

2012 年，意大利有机用地达到 116.736 2 万 hm^2，其中，45%用作耕地，26%用于种植多年生作物，25%为永久草场和牧场。有机作物主要是青饲料、粮食生产所用的谷物、干豆以及粮食生产所用的蛋白质作物。多年生作物主要是橄榄、葡萄和坚果。2012 年有机生产者人数为 43 852 人，加工者人数 9 542 人，进口商 297 位。有机产品市场近些年稳步增长，生产的有机产品多数内部消费。2012 年有机产品零售额 18.43 亿欧元，主要销售的产品为水果和蔬菜、奶制品、早餐谷物和热饮（咖啡、茶等）。产品销售通过普通零售商或超市、有机产品专营店、餐馆和酒席承办商以及其他渠道销售。2012 年意大利有机产品进口量为 51 667 t，主要是加工类产品（14 321 t）、谷物（13 074 t）、新鲜及干水果（10 140 t）[①]。

在意大利，消费者对有机食品有着较高的认知程度，2001 年 9 月进行的一个调查显示：73%的意大利人能够说出有机食品的正确定义和主要特性，38%的成人曾购买过有机食品，23%的成人经常购买有机食品。加上实际上的有机食品消费者和正打算购买有机食品的人群，约有 48%的意大利人消费有机食品。有机食品主要消费人群年龄为 30～45 岁，住在城市或北方较大的城镇中，受教育水平中等或较高，收入中上或较高。工业和经济发达的北部地区是意大利最大的有机食品消费地。

（二）意大利有机农业管理体系

意大利有机农业的管理主要依据欧盟有机法规和相应的国家法规。意大利农业部是有机农业的主管当局，而区域当局对认证机构进行监督。农业部设立了若干委员会（总务、F&SC、PPP、加工和畜牧业），由以下人员组成：部代表、研究员、一般农业联盟、消费者协会、允许使用物质生产商及有机运动协会。在农业部食品品质和消费者保护总局监督下，有机农业办公室按照欧洲和国家的政策法规开展工作。

其已授权 11 个认证机构开展有机活动（另有波尔扎诺自治省的两家德国认

① http：//www.organic-europe.net/country-info/country-info-italy/country-report.html

证机构）。所有认证机构都为私营组织，他们与地方管理部门一同受农业部监督。

在意大利，有机农业几乎全盘参照欧盟 2092/91 法规执行。相比之下，欧盟 1804/99 法规（畜牧业法规）则通过第 91436 号法令（2000 年颁布，2001 年修订）实施，该法令增加了若干限制条件。而意大利 220/95 号法令则就认证系统定义及认证机构识别等做了说明。私营标准由四大标准制定组织制定（意大利有机农业协会 AIAB、AMAB、CCPB 和 Bioagricert），后二者同时也是认证机构。

十二、波兰有机生产法规与管理

（一）波兰有机农业发展历史与现状

波兰面积为 31 万多平方千米，位于中欧东北部，是欧洲的农业大国，许多产品在欧洲及世界上均占有一定地位。例如，波兰是欧洲第二大浆果（主要是草莓、树莓和醋栗）生产国，也是洋葱、卷心菜、花椰菜和苹果的主要生产国。

波兰早期的有机运动源于 1931—1941 年，而大规模开始有机农业运动则开始于 20 世纪 80 年代初期。当时波兰的科学家 Mieczysław Gorny 及其团队和来自德米特（Demeter）的专家在不同城市开展了一系列生物动力和替代农作系统的讲座和研讨会，促使农户对有机农业的兴趣增加。1989 年，波兰第一个有机农场主协会——EKOLAND（全称为有机食品生产商 EKOLAND 协会）成立，该协会次年加入了国际有机运动联盟。1990 年，有机农场认证活动开始，有 29 个农场按照 EKOLAND 的标准获得了有机认证证书；1993 年，波兰第二个有机农业协会——波兰有机耕作协会（PTRE）成立；2004 年，波兰加入了欧盟，开始实行农业-环境计划，并通过计划建立有机农业的支持体系。随着波兰加入欧盟以及农业-环境计划的实施，农户向有机农业转型的兴趣和动力进一步增加，促进了波兰国内有机农业生产的迅猛发展。

经过有机认证，有机农场数量从 2003 年的 2 286 个增长到 2012 年的 25 944 个，增长 11 倍多；有机农业耕地总面积从 2003 年的 61 236 hm^2 增至 2012 年的 661 687 hm^2，增长近 11 倍。波兰有机耕作面积占波兰整个耕地面积的比例从 2002 年的 0.3%增至 2012 年的 3.05%。有机用地中，53.4%为耕地

（主要种植青饲料、谷物和蔬菜），35.4%为永久草地和牧场，8.7%为永久作物（主要是苹果、浆果和其他水果），2.5%为其他用地。与此相应，波兰有机食品加工企业和贸易商从2003年的22家增至2012年的312家。

波兰有机产品市场一直处于持续缓慢增长状态，主要销售的产品有蔬菜、水果和谷物产品，通过有机专卖店、超市、市内农产品市场、直接销售、网上店铺等方式销售。出口的有机产品主要有冷冻浆果、蔬菜、浓缩苹果汁和谷物，主要进口产品为有机加工类产品、外来水果、春季蔬菜、茶和咖啡。

（二）波兰有机生产政策与法规

1999年以后，波兰政府开始按照农场规模向有机农场主提供资助，并对相关的认证检测费用提供资金支持，但由于预算限制，2003年以前的补助变化不定。加入欧盟后，因加入欧盟共同农业政策和乡村发展计划，获得了有关发展有机农业的资金支持，有机农业补贴增加了1倍多。例如，2003年单位面积转换期耕地作物补贴300兹罗提，已转换过的单位面积补贴250兹罗提，而2004—2006年期间同样类型的单位面积补贴分别增加到680兹罗提和600兹罗提。2005—2009年期间，欧盟为波兰有机农业发展提供了高达6.09亿兹罗提的资助，波兰政府自己也提供了4 200万兹罗提的资金支持。另外，波兰政府从2004年开始对有机农业研究进行资助，资助额2008年达到450万兹罗提，资助的研究主要涉及蔬菜、水果的有机种植、大田作物有机栽培、动物有机生产、蔬菜与动物制品有机加工、动物健康保护等①。

波兰第一项有机农业标准是EKOLAND公司的标准，该标准基于国际有机农业运动联盟制定。2001年3月16日，波兰政府通过了《有机农业法》议会法案，该法案对有机农业进行了定义并制定了整体规范。该法案在公布6个月之后正式生效，成为有机农业的国家标准，也是最高法律。

波兰有机农业管理的第二级法律依据农业和乡村发展部出台的四项行政法规制定，它们分别针对：①有机农业土壤中重金属浓度的可接受水平（2002年

① 叶向东．波兰促进可持续发展的重要举措——迅猛发展的波兰有机农业及其启示．全球科技经济瞭望，2014（7）：20-23

12月4日颁布)；②生产有机农业产品的具体条件（2002年5月14日颁布)；③额外化学物质、其他辅助成分以及使用非有机方式生产并获准应用于有机农业产品的农业源头成分（2002年5月15日颁布)；④由农业部设立并由检查机构实施的管控、认证和取消认证条件（2002年5月21日颁布)。

波兰的有机农业国家规范，包括议会法案和行政法规，全部基于欧盟第2092/91号规范。

目前，有机农业主要依据的标准就是欧盟法律和其他规范以及2009年6月25日公布的《波兰有机农业法案》，并采用了该法案规定的认证体系，有机认证采用欧盟有机标志。

波兰有机农业和食品生产的监管体系由农业与乡村发展部、农业与食品质量监督中心的检查团以及其他认证机构（由农业部授权）组成。检查团是有机管理体系的权威，负责监督认证机构的工作，并收集有机农业生产的基础数据。认证机构必须由波兰认证中心根据EN 45011标准进行认证①。

十三、荷兰有机生产法规与管理

（一）荷兰有机农业发展历史与现状

荷兰有机农业始于20世纪20年代一家名为Zeeland的生物动力农场的建成，但70年代以前，发展都非常缓慢。1970年前后，有机耕种面积仅为450 hm^2。1972年有机农场为85个，1989年为359个，到1994年有机农场还不足全国农场总数的1%，但1993—1997年期间平均每年有60个有机农场出现，而1998年和1999年则平均每年增加到200个②。到2003年，有机种植总面积约为42 600 hm^2，占荷兰耕地的2.2%（表2-2)。

2012年③，荷兰有机农业用地达到48 038 hm^2，其中，58.9%为永久性草场和牧场，38.8%为耕地，1%为多年生作物。有机耕地主要种植的作物为青

① Andrzej Szeremeta，Organic farming and market in Poland，http：//www.enoas.org/pol05t/003a.html

② 袁涓文．荷兰有机农业生产状况及启示．贵州农业科学，2010，38（1)：207-210

③ http：//www.organic-europe.net/country-info/netherlands/country-report.html？L=0Cached The

饲料、蔬菜和谷物，多年生作物主要是苹果、梨和浆果。2012 年有机生产者 1 600 人，有机加工者 1 700 人，有机产品零售额达到 9.343 亿欧元（包括一般和专门零售商、餐饮行业渠道），如果加上农户直接销售的产品，则 2012 年的零售额应在 10 亿欧元以上。

表 2-2　荷兰有机耕种的面积（2003 年）

有机种植类别	面积（hm^2）
耕作农业，饲料作物	5 100
耕作农业，食用作物	6 900
室外园艺（其中果树栽培约为 300 hm^2）	3 400
温室园艺	75
草场（畜牧业）	19 100
其他（尤其是自然保护区中草和饲料作物的土地）	8 000

过去 10 多年，荷兰有机产品规模持续增长，主要销售的有机产品为牛奶及奶制品（销售额 2.18 亿欧元，占同类农产品总量的 4.8%）、新鲜蔬菜及土豆（1.297 亿欧元，占比 3.9%）、肉类及肉制品（1.276 亿欧元，占比 2.7%）、面包及烘焙产品（7 940 万欧元，占比 3.2%）等。这些有机产品一半以上（2012 年约 52.8%）通过普通零售商销售，其他销售主渠道是专门的有机零售商和餐饮行业，2012 年其销售量分别占 31.9%和 15.3%。

根据对有机产品主要出口商的采访调查，2012 年荷兰有机产品出口总值约在 7.83 亿欧元，主要出口至欧洲国家。

（二）荷兰有机生产法规与管理体系

自 20 世纪 70 年代起，传统研究和农业咨询机构及农业部对有机农业的兴趣不断增加。1978 年，Louis Bolk 研究所开始研究有机农业。90 年代初，农业部公布其首个政策文件，科技部也制定了有机农业研究计划，决定投入 1 000 万欧元（相当于整个科技部农业研究资金的 8%）开展有机研究项目，这些研究在私营 Louis Bolk 研究所与瓦格格宁根大学及研究中心（WUR）进行。WUR 在 21 世纪初设立了有机农业创新中心（IBL）以及有机农业研究咨询委员会。这两个机构为有机农业研究进行监督、协调和建议。

1992 年，Platform Biologica（现更名为 Bionext）成立，负责管理荷兰整个有机农业，制定了普通农业转化为有机农业的要求。Skal 是荷兰有机生产的检查和认证机构，主要控制有机产品原产地生产和产品质量，发放和监督印有 EKO 图标的有机产品证书，还负责残留检测。Skal 和荷兰贸易和加工协会（VBP，1995 年成立）共同制定有机产品残留标准。为确保有机农产品的质量符合标准的规定，农场在由常规农业生产变为有机农业生产时，其生产的产品需要在 2 年后经质检部门认定，才能作为有机农产品销售。

1996 年，农业部制定了发展有机农业生产的规划并在 2001—2004 年实施了第 1 个行动计划，从 2005 年开始实施第 2 个行动计划，2008—2011 年实施了第 3 个行动计划。2008 年，有 2.8%的农业用地用于生产有机产品。目前，荷兰的有机农场数量趋于稳定，但面积在增加，3/4 的有机农业使用土地以前为牧场。有机农业农场规模由几十公顷到上百公顷，有机农产品的价格一般是常规农产品 1 倍左右，有机农产品的消费支出在食品消费总支出中所占的比例仅为 0.5%。为了鼓励有机农业的发展，农业部对有机农业生产提供资助，金额由 1999 年的 300 万欧元提高到 2003 年的 2 000 万欧元。政府对那些由常规农业向有机农业转变的农场实行补贴政策，另外农场主还可得到政府的技术培训和服务。政府对有机农业农场的发展也进行适当调控，以防止产销不平衡情况的产生。

生物工程组织是有机农业和营销组织的平台，获得了消费者、环保人士及自然与景观管理组织的支持，并与传统农业平台（LTO-荷兰）合作。作为有机农业的发言人，该平台获得了农业部的财政支持。与检查认证机构 SKAL、农业部、LTO 和其他若干组织一同参与有机农业（尤其是欧盟 2092/91 指令）立法咨询机构（Overlegorgaan Biologische Regelgeving，OBR）的相关工作。生物工程组织由农场主、农业顾问、国家农业、自然和食品质量中心（EC-LNV）下的国家参考中心的研究员和员工组成，主要工作内容是：分析作物耕种或畜牧业和产品营销中出现的问题；对研究项目进行建议和跟进；提出关于有机农业发展的观点，如何处理集约、加热式温室栽培等[①]。

① Bernhard Speiser，Otto Schmid. Current Evaluation Procedures for Plant Protection Products Used in Organic Agriculture [C]，Proceedings of a workshop held September 25-26，2003 in Frick，Switzerland.

十四、丹麦有机生产法规与管理

（一）丹麦有机农业发展历史与现状

从 1989 年到 1994 年，丹麦有机农场的面积和数量变化不大，总共大约 500 家农场。从 1995 年到 2001 年，由于消费者对有机产品需求增加，政府从有机转换期开始就提供更好的经济支持，有机农场的面积和数量达到过去的 3 倍还多。

2002 年，丹麦共有 3 532 家有机农场，比 2001 年仅有少量增加。这些农场占地约 171 467 hm^2，约占农业生产总面积的 6.6%，有机农场在国家各地区都有分布，但在丹麦的西部更为集中（主要是西南部），有机农场的平均规模大约为 50 hm^2，见表 2-3。

表 2-3　丹麦有机农场数量和有机农业面积（1989—2009 年）

年份	农场数量（个）	占所有农场比例	有机农业面积（万 hm^2）	占所有农业用地的比例
1989	401		9.554	
1990	523		11.581	
1991	672		17.963	
1992	675		18.653	
1993	640		20.090	
1994	677		21.145	
1995	1 050	1.5	40.884	1.5
1996	1 166	1.7	46.171	1.7
1997	1 617	2.5	64.329	2.4
1998	2 228	3.5	99.163	3.7
1999	3 099	5.2	146.685	5.5
2000	3 466	6.4	165.258	6.2
2001	3 525	6.5	173.497	6.5
2002	3 714	7.3	178.360	6.7
2003	3 510	7.2	168.154	6.3

续表 2-3

年份	农场数量（个）	占所有农场比例	有机农业面积（万 hm^2）	占所有农业用地的比例
2004	3 166	6.9	160.209	6.1
2005	3 036	6.1	150.815	5.5
2006	2 794	5.6	144.303	5.3
2007	2 835	5.9	150.207	5.6
2008	2 751	6.2	166.738	6.3
2009	2 689	6.3	170.346	6.4

20 世纪 90 年代时，丹麦大量的牛奶场向有机生产转变，而此前几年主要是无牲畜的种植型农场在进行有机转变。这些转变的农场约 13%的面积是永久性草场，剩下的是轮耕草场。转变后的农场约一半种植牧草（主要是三叶草），剩下的是经济作物（主要是谷物）。

21 世纪初，丹麦典型有机产品的市场份额稳定在大约 5%。有机奶和其他乳制品在丹麦所占的市场份额最大（出售的新鲜牛奶大约有 1/3 为有机），蔬菜（主要是马铃薯、洋葱）和谷物产品（主要是黑麦和用于面包的小麦和燕麦）也是主要的有机产品。丹麦有机饲料作物的生产总体上满足了自身的需求。丹麦某些草种的有机种子生产足够满足欧盟内的大部分需求（如果不是全部）。对于大多数谷物品种，一些其他的大田作物和马铃薯，丹麦的产量基本可以满足丹麦市场对有机种植的需求①。

到 2012 年，丹麦有机农业用地达到 182 930 hm^2，主要是耕地，占总面积的 86%，13%为草场和牧场，1%为多年生作物。有机耕地主要种植的作物为青饲料、谷物、种子作物和蔬菜，多年生作物主要是水果、能源作物（柳树、白杨等）和圣诞树。2012 年有机生产者 2 677 人，有机加工者 517 人，有机产品零售额达到 8.87 亿欧元②。

---

① Bernhard Speiser, Otto Schmid. Current Evaluation Procedures for Plant Protection Products Used in Organic Agriculture [C], Proceedings of a workshop held September 25-26, 2003 in Frick, Switzerland.

② http://www.organic-europe.net/country-info/denmark/country-report.html? L=nkjbccatc

（二）丹麦有机农业法规与认证管理

从20世纪50年代开始，生物多样性协会（Demeter）对丹麦的有机农业进行检查和认证，随后丹麦有机农业协会也开展检查和认证（Landsforeningen Økologisk Jordbrug，1998）。1987年，丹麦国会通过了丹麦关于有机农业的第一部法律（Økologilov，1999），也是全球首部关于有机农业的综合法律。

从1989年开始，丹麦食品、农业和渔业部下属的作物管理局（PD）通过参考有机生产方法，对在市场上销售主要产品的所有有机农场进行认证和检查。因此，整个丹麦有机初级生产由国家部门控制。有机认证由6个地区中心执行。

（三）丹麦有机农业支持政策

丹麦政府对有机农业的支持一方面通过欧盟农村发展计划提供支持，为有机农场在转换期间提供每年每公顷140欧元（约1 050丹麦克朗）的补助，另外，农场完整转换之后连续3年里，每年每公顷土地提供13欧元（约100丹麦克朗）的额外补助；另一方面通过国家有机农业行动计划提供支持。2012年1月，丹麦公布了“面向2020年的有机生产行动计划”，力求实现政府2020年有机农业用地翻番的目标。丹麦政府认为有机生产是实现丹麦向绿色农业转变的基础，因此决定大力发展有机农业。主要措施是推动公共厨房、公共土地向有机转变，引入一些新的有机产品，为有机农场提供更多支持等。其中，2011—2013年计划为有机农场提供的资助达到1 070万欧元（约8 000丹麦克朗）。

此外，在丹麦，农民还可以申请关于环境友好型农业经营方式的直接补助，约每公顷110欧元。除了财政补助，丹麦政府还通过对肥料、农药等产品征收高额税费来抑制传统农业的发展，还通过有机农产品体系国际研究中心（International Centre for Research in Organic Food Systems，ICROFS）为新技术投资和新产品研发提供资助。

十五、斯洛文尼亚有机生产法规与管理

（一）斯洛文尼亚有机农业发展历史及现状

在20世纪80年代，斯洛文尼亚的有机农业以民间团体运动的形式开始，规模非常有限。1996年，第一个有机农业协会——可持续发展协会（ISD）成立，ISD根据IFOAM基本标准以及德国、奥地利等有机农场主协会的相关标准，首次制定了有机农业和加工业标准，这些标准由斯洛文尼亚农业部对外发布，1997年被斯洛文尼亚有机农场主协会（SOFA，1997年成立）采用。1998年，建立了两个有机农产品检查认证体系。1998年，41家农场获得认证；检查认证体系的基础是有机农场主组织标准和欧盟2092/91号法规。1999年，位于马里博尔的农林研究所下属的有机农业监管部接管了检查认证体系，这是唯一获得国家批准的有机农业检查认证机构。1999年，5个地方性的有机农场主协会成立了斯洛文尼亚有机农场主协会联盟（USOFA）。2004年，USOFA已经拥有8个协会成员，约1 000名个体成员（有机农场主）。USOFA会员遵循相同的标准，使用统一的私人有机标签“BIODAR”，该标签于2000年引入。斯洛文尼亚第二大有机组织是生物动力学畜牧业协会AJDA，2004年该组织已经吸纳60个经过认证的有机农场。

1999年，农业、林业和农场部（MAFF）引入有机农业直接补贴制度。除了非政府部门，农业咨询服务部门也开设了有机农业的基础课程。有机农场（包括正在向有机农业转换的农场）总数在2003年已经上升至将近1 400家（接近农场总数的4%）。2001年4月，MAFF颁布《有机农产品与有机食品生产和加工条例》，该条例是欧盟相关立法的转化。2005年，斯洛文尼亚开始实行国家有机农业行动计划。尽管对有机农业的支持已成为国家大型环保项目的一部分，但除了直接补贴制度，国家层面的其他措施收效甚微。一些地方政府也为有机农业的发展提供支持。

与其他欧盟成员国相比，斯洛文尼亚农业的宏观经济重要性相对更低：农业对就业的贡献率仅达5%，农业只占国内生产总值的1.6%（2003年）。尽管如此，农业仍然是保证经济发展、社会繁荣、政治稳定的重要因素。

3种不同的气候和土壤地理区域决定了农业生产的多样性：高山性气候、大陆性气候和地中海气候。总计55%的地表被森林覆盖，超过90%的农场土地被归为不适宜耕种的区域。其中大多数是草地，可耕作土地的比重较低，农场的平均面积为5.5 hm^2。

另外，生物多样性程度较高，自然环境保存完好。鉴于所有上述原因（包括成功加入欧盟），有机农业在农业政策中占有一定的地位。对于90%的有机农场来说，主要经营的是畜牧业生产（绝大多数是牛类），其次是谷物生产、蔬菜生产、水果生产和酒类生产。有机产品主要在国内市场上销售，销售渠道为：直接销售、首都卢布尔雅那的有机农户市场（蔬菜、水果和粮食）、传统农贸市场和健康食品商店等。所销售的有机产品主要是非加工农产品或者简单加工的农产品，例如红酒、醋、果汁、籽油、奶酪和一些肉制品①。

2012年，斯洛文尼亚有机农业面积为35 101 hm^2，2013年增加了10%，达到38 664 hm^2，占到农业用地总面积的8%；有机农户2 682家，2013年的有机农户数量增长了14%，达到3 049户（包括转换期）②。

（二）斯洛文尼亚有机生产政策法规及认证体系

斯洛文尼亚有机农业最早的法规是ISD1996年制定的有机生产与加工标准，国家层面的有机农业立法于1997年启动，最终颁布是在2001年。

有机农业的基本法律是“农产品和食品的有机生产和加工规则”（农业、林业和农场部，2001年）及其修订案（2003年4月）。有机产品的检查部门必须遵守“关于农产品和/或食品有机检测机构必须满足相关技术条件和组织条件的规定”（OGRS，2001年5月）。两部法律都是以农业法（OGRS 54/2000，2000年6月16日）第41条、第43条和第44条为基础而制定的部门法律。引入了有机农业的概念，并提出用（上述）专门法令对有机农业进行细化和管制。

马里博尔农林研究所下属的有机农业监管部是唯一获得国家批准的有机农

① http：//www.organic-europe.net/country-info/slovenia/country-report.html？L=0CachedThe

② http：//www.noodls.com/view/C46315040E80B19CC9E292A2A2170F0CF22B8DAF？3175xxx1405005252

业检查认证机构，但斯洛文尼亚没有国家有机标签，有机认证主要发放的是私人标签“BIODAR”。

斯洛文尼亚对有机农业的财政支持始于 1999 年，在欧盟农村发展计划下执行，已经获得认证或处于转换期的农场主可以直接申请，当年补贴标准为每公顷草场 200 欧元，耕地 300 欧元，温室 450 欧元，果园、蔬菜和葡萄园 370 欧元，另外，每个农场检查认证成本补贴 50 欧元①。2001—2003 年期间，有机农业补贴通过“斯洛文尼亚农业-环境计划”（SKOP）发放，而农业-环境补贴已经成为欧盟乡村发展计划的一部分。政府还通过普通的支持项目为有机农业投资提供进一步的支持，产品营销方面的支持则主要通过质量监控计划实现。斯洛文尼亚 2005—2015 年实施国家有机农业行动计划，主要目标是到 2015 年 15%的农场实现有机经营，20%的农业用地实现有机耕种，10%的农产品为有机产品。计划实施所需资金由农业与环境部提供。

十六、俄罗斯有机生产法规与管理②

根据 IFOAM2009 年 4 月的统计，俄罗斯按照欧盟有机法规获得认证的土地面积有 3 580 hm^2，其中 2 270 hm^2 处于转换期。2010 年，俄罗斯共计有 50 个获得认证的有机农场，主要分布在黑土区、东部西伯利亚区和东北地区。出口的有机产品主要有荞麦、小米、亚麻和其他野生产品（浆果、蘑菇、松子、草药）等，还向欧盟地区出口有机麦子。

尽管俄罗斯有机农业发展相对滞后，但由于其地域广阔，农业用地面积巨大，有丰富的黑土地，廉价的农村劳动力，化学投入品在农业中使用量低，这都为开展有机农业奠定了良好的基础。

2012 年，俄罗斯有机产品销售额达到 1.48 亿美元，较 2011 年增长了 7.8%。有机包装食品占市场份额较小，不足 0.2%。大部分有机产品从欧盟进

---

① Anamarija Slabe，Organic Farming in Slovenia，http：// organic-europe. net/fileadmin/documents/country _ information/ARCHIVE/slovenia-2000-organic-europe. pdf

② Olga Kolchevnikova，Russian Organic Market Continues to Grow，2013/2/25，http：// gain. fas. usda. gov/Recent% 20GAIN% 20Publications/Russian% 20Organic% 20Market% 20Continues% 20to%20Grow _ Moscow%20ATO _ Russian%20Federation _ 2-15-2013. pdf

口，包括德国、法国、意大利。有机食品主要在富人区出售，售价通常比正常价格高出20%～400%。消费人群主要是莫斯科和圣彼得堡的高收入人群。有机产品主要通过超市、专营店、网点和药店销售。

2008年7月，俄罗斯消费者安全管理和监控机构Rospotrebnadzor公布的有机食品生产卫生要求正式实施，但关于有机产品标识并未出台明确的规定，也没有形成正式的认证体系和认证机构。因此，俄罗斯的有机生产者倾向于获得欧美等国家的第三方机构的有机食品认证，以确保产品能顺利出口。根据AgriCapital调查显示，45%生产商在没有认证情况下，粘贴BIO等标识。为了得到认证，一些生产商要先将产品出口到欧盟或美国，进行认证。2012年11月，在俄罗斯联邦政府和有机食品供应商的共同努力下，俄罗斯农业部公布了“有机农产品生产与俄联邦法令修订”草案，对有机产品进行了定义，提出有机产品要满足国家或国际有机农产品标准的要求。根据草案，待国家杜马通过该草案后，俄罗斯将启动国家有机标准的制定，草案还提出国家将通过直接借款、风险对冲、生产信息和方法支持等渠道来为有机农产品的生产提供帮助。

十七、乌克兰有机生产法规与管理①

乌克兰国内市场上出售的有机产品主要包括：谷物、果酱、糖浆、果汁、干果、猪肉、牛奶、蜂蜜和油类，主要销售渠道是小型专卖店、网店和连锁超市，有机产品覆盖的城市也越来越多。乌克兰的很多有机产品都是以出口为导向的，主要面向欧盟，同时也向美国、加拿大和日本出口。根据估算和公司的统计数据，在乌克兰，已经过认证的有机产品包括：谷物、豆类作物、可榨油类作物、蔬菜、西瓜、南瓜、水果、浆果、葡萄、精油植物、肉类、牛奶、蘑菇、坚果和蜂蜜。已经经过认证的加工产品包括：谷物、果酱、糖浆、果汁、油类、面粉和罐头蔬菜。

对乌克兰来说，国际有机贸易的迅速、稳定发展有利于提高国内农村人口

① FiBL，IFOAM. The World of Organic Agriculture-Statistics & Emerging Trends. 2011

的生活水平并促进有机行业的发展。在过去几年中，乌克兰有机发展的潜力不仅唤醒了国际买家，也促进了国内市场的发展。乌克兰总人口约为 4 600 万，因此国内有机生产、加工、贸易和消费都有着巨大潜力。目前，有机产品分类尚不完善。因此，贸易商仍需要进口有机产品来满足国内市场的需求。乌克兰生产的主要是有机原材料以供出口和国内需求。乌克兰国内市场对有机产品的需求量正呈现上升趋势。但是由于缺乏专业的有机营销专家，各生产企业目前正面临专家意见匮乏的局面。

乌克兰有机运动的主力是有机行业的投资者、乌克兰唯一的有机认证机构 Organic Standard、有机生产利益相关者协会 BIOLan Ukraine，乌克兰有机联盟、有机生产者协会 Pure Flora、棉花供应商“Organic Era”、信息中心以及其他一些组织，他们大多都积极参与乌克兰农业部制定有机法律法规的过程。

乌克兰有机法至今尚未通过议会的批准。2010 年 10 月，为了获取更多的国际技术支持，乌克兰农业部宣布把支持有机农业发展作为国家有机行业发展计划中的优先部分。乌克兰政府当局希望有机法律能够通过并颁布实施，以更好地规范乌克兰的有机行业。一些地区管理当局已着手推动有机生产发展，其中有的通过区域性项目来支持有机农业发展。

乌克兰的食品质量认证主要通过国有企业开展，这些公司都经过了乌克兰国家认证认可署的认可。同时还有 17 个私营认证机构，其中一个是乌克兰当地的机构，剩余的则为国外机构。乌克兰有机生产遵循的标准有欧盟 834—2007 号法规，以及瑞士 Bio Suisse 标准、日本 JAS 标准、美国 NOP 标准、碧奥兰标准等。其中，碧奥兰标准是有机农产品股东“BIOLan Ukraine”有机耕作和贴牌的私人标准，它被乌克兰国内的有机生产者和加工者广泛应用①。

目前，乌克兰尚没有有机种植方面的研究，但已有部分研究者对此产生了研究兴趣，一些州立农业大学已经率先将有机生产纳入其课程范围内。乌克兰最大的农业大学——乌克兰生命环境科学大学也将一些有机课程包括到了学生课程中。

---

① http：//www. organic-world. net/fileadmin/documents/yearbook/2011/prokopchuk-eisenring-2011-ukraine. pdf

为了促进有机知识的传播，提高民众意识，瑞士经济事务国家秘书处和瑞士合作发展机构一直致力于组织培训、研讨会、会议、会谈、记者会、有机产品展销会、促销活动等。乌克兰的有机行业得到加拿大 CIDA、德国技术合作组织（GTZ）以及荷兰农业环境部等其他国际组织的支持。

乌克兰在有机农业发展方面有着巨大潜力，可以借助当地资源和国外的技术支持不断发展本国有机行业。届时，国内外市场将可以从乌克兰获得更多高质量的有机产品。

十八、土耳其有机生产法规与管理①

在土耳其，对于有机农业的记录始于 1984—1985 年期间，最初出口的产品主要是葡萄干和无花果。约 10 年后，出口商品的种类逐渐丰富，达到了 250 种。如今，土耳其几乎所有产品都会销往发达国家，主要为欧盟、美国和日本。有机产品绝大多数用于出口，通常情况下，贸易商会专门委托生产者生产特定商品。

2010 年，土耳其已有大约 40 000 hm^2（农业用地的 1%）的土地归属于有机农业管理范畴（包括转型期间的土地），生产者的数量达到了 45 000 户。绝大多数有机产品来自于可耕种土地。其中，谷物是主要的作物种类。有机种植面积的增加主要得益于一些旨在促进有机生产的项目的实施，这些项目都是由土耳其农业部支持实施的。

自从 2009 年以来，尽管有机面积不断扩大，但 2010 年的出口量却明显下降，主要是由于营销策略的缺失，以及出口产品发展不够完善。由于有机生产供应的不稳定，导致一些海外买家的流失。

Bugday 协会最初是一个草根运动，始于 2002 年，最初的宗旨是“支持生态型生活方式”。Bugday 杂志是土耳其首份关于有机生活方式的出版物，也是首份探讨“有机”概念的出版物。这一杂志的出版引起了国内的讨论，很多专家学者借鉴知名有机组织的信息和知识，例如国际有机农业运动联盟

---

① FiBL，IFOAM. The World of Organic Agriculture-Statistics & Emerging Trends. 2013

(IFOAM)，为土耳其媒体提供有关有机农业的信息。

2006年，Bugday协会在伊斯坦布尔附近的城镇与当地政府机构合作建立了土耳其首个有机农业市场。在这一市场上，有机生产者可以将自己生产的有机产品直接销售给顾客。在这样的市场建立之前，很多有机生产者都只能在传统集市上出售自己的产品。如今，土耳其已经有好几个类似的有机市场，其中有5个是由Bugday协会管理建立的。然而，最初建立的那个有机集市至今仍然是同类集市的典范，也是有机运动的核心阵地。最初的有机集市创立时，有25家供应商和48个摊位，如今，已经增加至60家供应商和260个摊位。自从2010年以来，约有600 t的新鲜水果和蔬菜经由这一有机市场售出，且这一市场每天人流量达到1 500人次。

目前，由Bugday协会建立的农民集市拥有多种有机认证产品，从新鲜产品到带包装的产品，从纺织品到化妆品等。这些得以认证的产品都经过了Bugday协会专业的农业工程师的检测。农民集市还会筹建工作小组、举办研讨会等，为城市居民提供了良好的有机生态市场。

十九、保加利亚有机生产法规与管理①

1993年，第一个有机农场在普罗夫迪夫农业大学成立，占地8 hm^3；1996—2000年，保加利亚首次出现了有机农业领域的集中式活动，如农民的培训活动，相关领域出版物的发行，以及为国家立法做的准备等；2000—2004年，保加利亚有机农业首次有了实质性进展，即确立了国家有机法令（第22条和第35条规定），确立了国家有机农业节，设立了首个有机认证机构；2003年，保加利亚首次参加生物有机贸易展览会；2004年，保加利亚出现了第一个专门性的有机商店；2005—2008年，保加利亚的有机产品在国内开始普遍销售；2005年，有机食品首次出现在索菲亚超市中；2007年，有机食品首次在索菲亚以外的城市进行销售；2008年，有机食品行业迅速发展，出售有机食品的商店达到了1 500多个，同年，关于有机产品的首个电视广告也正式开播；

① FiBL，IFOAM. The World of Organic Agriculture-Statistics & Emerging Trends. 2012

2009—2010 年，政府开始对有机生产的农民提供补贴，有机生产的农民开始设立组织，有机农业作为一个真正的经济领域在保加利亚开始稳步发展。经过认证的土地在这期间翻了一番，同时，有机行业的参与者（生产者、加工商和进出口商）的数量也实现 76%的增长。增长最为显著的是含油种子的种植，翻了四番。药用植物和香料植物以及坚果的种植面积增加 50%，谷物和蔬菜的种植面积分别翻了一番。2010 年年末，25 648 hm^2 的土地实现了有机种植，约占可使用农业用地总面积的 0.47%。主要的有机种植作物为：香料和药物作物以及小型水果和坚果。同时，用于野生采集的有机认证面积也在不断扩大。有机动物种类在 2010 年时仍然较为有限，只有少数几个经过认证的农场。截至 2010 年年末，有机养蜂业有 46 429 个经过有机认证的蜂箱。

保加利亚大部分有机产品（约有 90%）销往中欧和西欧国家以及北美和日本。2007 年以来，保加利亚国内的市场也开始迅速发展，目前已有 2 000 多个商店出售有机食品。占据市场主导地位的产品包括：婴儿食品和奶制品。

保加利亚负责有机农业领域工作的主要机构包括：农业与食品部（主管的主要职能便是控制、监管整个机构的运行与工作情况）、农业与食品部有机农业理事会（包括来自生产者、贸易商、研究与咨询机构的代表）、国家农业基金会（为有机农业提供支持，检测有机农场等）、保加利亚有机产品协会（包括来自生产者与加工商群体的代表，于 2010 年成立）、有机贸易商协会（21 个商业企业，主要为进口商企业）、有机农业基金会（为有机食品生产和加工商提供专业咨询意见，并提供培训服务，用保加利亚语发行有关有机农业的出版物，在政策制定者中促进有机农业思想的传播，也增强消费者对有机行业的了解）、普罗夫迪夫农业大学（设置了与有机农业相关的硕士学位课程，也是保加利亚唯一一所有此类课程的大学，同时，该大学自身拥有一片 9 hm^2 的有机农场）等。

保加利亚有 10 个控制与认证权威机构，但其中只有一家公司是保加利亚当地公司，剩余几家公司则占据了大部分市场份额。

根据法律规定，“生物”“生态”和“有机”等词是受法律保护的，但仅限于食品领域。关于生产、加工以及标签的具体规定在 2007 年 6 月 28 日通过的欧洲法规第 834/2007 条中有详细介绍。当然也有的认证机构是根据私人的标准进行有机认证的，如瑞士有机认证。

政府在某些作物种植方面提供了为期五年的资金支持，这些扶持是根据农村发展项目的第 214 号决定实施的。

二十、其他国家有机生产法规与管理

（一）匈牙利有机生产法规及管理概况①

由于宪法禁止使用转基因产品，并且许多低密度耕作的农业用地（多是草地、牧场、休耕地）没有受到农业化学物质的污染，因此匈牙利国内条件很适合发展有机农业。匈牙利有机农业始于 20 世纪 80 年代，1996—2004 年，有机农业快速发展，之后由于缺少有效的激励政策、市场出口缺乏协调以及国内消费者意识不强等原因，发展基本处于停滞状态，不过 2009 年出现一个新的高点。据统计，1988 年只有 15 个有机农场，到 1995 年就增长为 108 个，2000 年为 471 个，到 2009 年达到顶峰，约有 1 660 个获得认证的有机生产单位。有机耕种的土地面积也从 1988 年的 1 000 hm^2 增加到 2004 年的 12.869 万 hm^2，2009 年则达到 14.029 2 万 hm^2。2009 年以后，经营者数量和有机耕种土地面积都有所下降，退到 2005 年的水平。2011 年，匈牙利有机耕种土地面积为 12.4 万 hm^2，占农业用地的 2.5%，国内有机产品市场总值约为 2 500 万欧元。

匈牙利获得认证的有机土地 55%为草地，41%为耕地作物，4%为常年生作物。尽管一半以上有机用地是草场，但有机动物养殖发展却相对落后。2010 年，拥有有机牲畜的农场不足 100 家，不到有机农户总数的 1/10。大多数有机土地上的动物草场未得到认证，主要因为农户认为其认证成本太高，现有法规也没有明确规定未得到认证的动物不能在有机草场养殖。

匈牙利有机产品占国内市场份额很小，且 85%的产品用于出口，主要出口到德国、奥地利、荷兰和瑞士，而匈牙利食品店销售的有机产品基本上是进口

① FiBL，IFOAM. The World of Organic Agriculture-Statistics & Emerging Trends. 2013

的加工产品，国内消费的有机产品约90%是进口。另外，匈牙利有机加工能力严重不足，因此有可能为有机食品加工企业提供更大的市场机会。超市在有机产品销售中发挥越来越重要的作用，约占有机产品市场销售份额的60%，其次是专卖店占20%，在线销售占6%～7%，农场销售占2%～3%，有机市场、展览等占6%～10%（Ferenc Frühwald，2012）。

（二）捷克有机生产法规及管理概况

1993年，捷克首个关于有机农业检验和认证体系的国家指令颁布，同时介绍了国家BIO标志；2001年，主要有机耕地作物包括青饲料25 500 hm^2，谷物24 400 hm^2，主要有机永久作物包括水果6 300 hm^2（其中2 300 hm^2是苹果），葡萄1 000 hm^2，啤酒花11 hm^2；2011年，25%的有机产品用于出口，主要出口国家是奥地利；2012年有机农业面积达488 658 hm^2：83.1%是永久牧场和放牧区，11.8%是耕地，1.6%是永久作物，剩余3.5%是其他用途，如边界、树木等。2012年，有机产品生产商有3 934家，加工商有545家①。

捷克有机食品市场2005—2008年间有显著增长，在2011年增长率为4.6%，有机食品占有率不足1%，但捷克仍是中东欧有机食品的发达国家之一。

捷克是中欧地区有机行业发展迅速的一个国家，其有机农业用地在2005年为254 982 hm^2，到2014年稳步增长到472 663 hm^2；有机食品销售额在过去10年里迅速增加，从2005年的5.1亿捷克克朗增加到2013年的19.45亿捷克克朗。

2011—2015年间，捷克持续实行有机行动计划，并制定了新的2016—2020年行动计划。通过政府的行动，捷克有机农业法律、政府许可、认证与监管体系以及有机产品标识体系都已经建立。2010年，农业监控和测试中心UKZUZ对有机农业开始进行官方管理，检验机构有KEZ、ABCERT AG、Biokont CZ等，国家有机品标志为Bio zebra。但农户的培训和相关研究相对落

① http：// www.organic-europe.net/country-info/czech-republic/countryreport.html？ L＝0% 2FRK% 3D0%2FRS%3DiEA3j6ePwnAqqHuABQ4.eMO2fFY

后，市场发展也需要更多的政策支持，面向消费者的有机产品宣传以及信息公开也有待加强。

（三）比利时有机生产法规及管理概况①

20世纪90年代初，随着人们对环境保护的重视和生活质量的提高，欧盟出台了扶持生态农业的具体政策，比利时也随之推出相应的措施，有机农业得到有序健康的发展。

2012年，比利时有机农业用地为59 684 hm^2，有机经营者人数为1 389，有机加工商691位（2011），进口商121位（2011）。比利时有机市场规模相对较小，但过去几年来处于稳定增长状态，有机产品人均支出37.9欧元，2013年有机产品销售额4.19亿欧元，2014年4.35亿欧元。主要销售的产品是肉类替代品、鸡蛋和蔬菜，通过普通零售商、折扣商店、地方杂货店、农贸市场、有机产品专卖店、农户商店、蔬菜箱子和直接销售等渠道销售②。

在比利时，欧盟有机农业法规以及地方性的法规都适用。比利时设有有机农业专门监督机构，对从事生态农业的农庄进行定期和不定期检查，对违反生产标准的农户收回“有机农业”标识。如在饲养禽畜时禁用含添加剂的饲料，禁止在放牧的草场上使用除草剂等。家禽粪便等有机肥的使用也有明确的标准，一旦超标就要进行惩罚。

比利时市场中销售的自产有机产品均贴有Biogarantie（一个私人非营利组织，成立30多年，代表的是比利时有机认证）的标识。该企业实行的有机认证标准超过欧盟标准，更广泛地约束有机耕作方式，并在生产和后期流通中均要采取可持续性的措施。欧盟内其他国家标准的标识也可以使用。在比利时，最著名的有机标志就是按照荷兰标准认证的EKO标识、从法国标准认证的AB标识及德国认证标签。国外有机产品也可以获得比利时Biogarantie标签。

比利时发展生态农业主要从三个环节入手：第一，在农民当中树立尊重环境、注重产品质量和实现可持续发展的意识，只有自觉自愿才能使生态农业的

① http：//blog. sina. com. cn/s/blog _ 94d835790102w5dj. html

② http：//www. organic-europe. net/country-info/belgium/country-report. html？ L=2%252520onfocus%25253DblurLink%252528this%252529%25253b

各项规定得以严格遵守，才能保证生态农业的健康发展。第二，帮助生产者建立和完善市场准入体系，让他们的产品得到消费者的认可，这是生态农业得以生存和发展的基础。第三，制定监督机制，加强对生态农业产品的检验管理，保证产品质量，赢得消费者的信任，是维护市场的成功保障。

比利时政府实施多种补贴政策促进有机农业发展。比利时农业政策支持来源于四个方面：一是欧盟，主要负责农业公共政策、农产品进出口法律法规制定，农业生产补助政策制定，组织开展国家间合作研究和地区发展战略研究；二是比利时联邦农业部，主要负责国际性谈判，以保护农民利益为核心的法律法规制定，公共健康关系、动植物健康关系的协调等；三是地区级农业部，负责地区级农业支持政策的制定与执行；四是省级农业部门，尽管农业在比利时各省的重要性不同，但每个省均有自己的农业支持政策和支持体系，以维护当地农业地位和保证农民利益。

根据欧盟和比利时的有机农业鼓励政策，从事有机农业的农民每年可以根据耕地面积和饲养占地面积领取一定数量的补贴，弥补由于放弃使用化肥、农药以及添加饲料等造成产量降低的部分损失。

（四）芬兰有机生产法规及管理概况①

芬兰有机农业最早开始于 20 世纪初，当时一些人开始生态动力农业试验，并在 1927 年建立了第一个生态动力农场。1946 年，芬兰生态动力协会成立。20 世纪 80 年代，有机农场数量开始快速增加，1989 年达到 373 家；次年，由于政府开始对有机农业转换提供财政支持，有机农场的数量增加到 671 家，1994 年更是达到 1 818 家，有机生产用地达到了农业用地的 1.1%。

随着芬兰 1995 年加入欧盟，有机农场数量增长达到了一个新的高潮，2000 年增至 5 225 家。2005 年，由于实行了有机养殖场的补贴计划，农场数也呈现明显增长趋势。

2012 年，芬兰的有机农业用地已经增至 200 000 hm^2（其中 161 000 hm^2 已获得认证），占该国所有农业用地的 9%，30%左右的有机用地种植谷物。有

① http：//www.organic-europe.net/country-info/finland/country-report.html

机农场数量达到 4 211 家，农场平均规模为 46.4 hm^2，比普通农场规模大 20%左右。

1995 年，芬兰政府开始通过“芬兰农业-环境计划”（FAEP）及其“补充保护计划”（SPS）为有机农户提供转换补贴和有机生产补贴。2007 年以后，有机补贴达到每年每公顷 141 欧元，获得认证和转换期的土地都如此，对有机动物养殖的补贴是每年每公顷 126 欧元。2013 年 5 月，芬兰政府公布了一项有机生产发展计划，目标是要在 2020 年把全国的有机农业用地增加至 20%以上。

1986 年，芬兰有机农业协会 Luomuliitto 建立了首个全国性的有机生产认证体系。1994 年，有机生产监管的具体任务转移至芬兰农林部。目前，芬兰主要通过第 846/2008 号法规实施欧盟规定，其认证管理体系要遵守欧盟 834/2007 号法规。

在芬兰，芬兰食品安全局主要负责对食品加工商、零售商和进口商的监管；15 个地区经济发展、交通与环境中心负责对有机农产品生产商及其生产过程进行监督；国家健康福利监管局负责对有机酒精饮料经营人员的管理，海关部门则与之共同管理进口至芬兰的有机产品。芬兰的有机标志是“Luomu”。

（五）希腊有机生产法规及管理概况

在国际有机运动蓬勃发展的大环境下，人们对有机食品的需求日益增加。在欧盟有机农业发展较快的国家，如意大利、西班牙、希腊、芬兰和奥地利等国，每年获得有机认证的农场数量增速都在 50%以上。希腊自 1980 年开始进行有机农产品的生产，主要是为了出口橄榄果和葡萄干。自 2004 年开始，希腊的有机农业生产在欧盟对农业的大力支持下快速发展起来。2010 年以前，希腊的有机食品市场发展比较缓慢，整年销售额达 6 亿欧元。因经济危机，2011—2013 年整个有机产品的销售量减少近 50%。希腊当地的有机食品主要通过超市和独立的有机商店进行销售，占市场总销售量的 80%以上。其他销售有机食品的渠道包括农夫市集和其他点对点销售。

到 2012 年，希腊有机农业耕地已经达到 462 618 hm^2。其中 60%是永久性的草场的面积，15.5%是多年生农作物，21.8%为耕作农田，另外 2.7%为其他农业用地。有机谷物耕种面积与有机橄榄种植园面积相当，是希腊主要的经济作物，其次是有机畜牧业。有机生产者 23 433 个，加工商 1 551 个，出口商 4 个①。

希腊生产的有机产品约 1/3 在国内销售，大部分加工类产品都是进口，出口的主要产品是橄榄类产品、葡萄酒、新鲜水果、蔬菜和羊乳酪等。

希腊并没有自己的有机认证标准，欧盟有机生产标准在当地实施得非常好，一些农户还额外进行 Demeter 认证。希腊的出口有机农产品基本上是根据输入国国家（如德国、瑞士和美国）的有机农产品认证标准认证的。国内也没有统一的认证标志，检查认证机构一般采用欧洲有机标志。

（六）卢森堡有机生产法规及管理概况②

卢森堡有机农业发展较晚。1987 年，第一个生态动力农场出现；1988 年，两家农民协会（Bio-LABEL 和 Demeter）成立；1989 年，农户合作社组织 BIOG 成立；随着有机协会和组织的成立；有机农场数量不断增加，1999 年达到 30 个，有机经营的土地面积占农业用地的 0.8%；2007 年，有机农业研究所 IBLA 成立；到 2010 年，卢森堡有机农业用地达 3 720 hm^2，其中 51.7% 是永久性草地和放牧区，41.8%是耕地，3.3%是永久性作物。主要作物有青饲料 713 hm^2，谷物 633 hm^2，蛋白质作物 74 hm^2，水果 87 hm^2，葡萄 22 hm^2；2012 年，两家有机组织 Bio-LABEL 和 Demeter 合并成立了 Bio-Letzebuerg。同年，由于国家有机行动计划的支持，卢森堡有机农业用地增长到 3 924 hm^2，有机生产商 102 家，加工商 2009 年为 43 家。

连续几年里，卢森堡的有机市场每年稳定增长 5%～10%。该国现在拥有一个小规模但发展较好的市场环境，是世界上人均有机品消费最高的国家之一，2009 年人均有机产品消费额为 103.3 欧元，总消费额 5 100 万欧元，在欧洲仅次于丹麦（138 欧元）和奥地利（103.9 欧元）。在卢森堡，有机产品 45% 通过一般零售，45%通过专卖店，5%直销，5%其他渠道。至少 80%的有机产品来自进口。

---

① http：//www.organic-europe.net/country-info/greece/country-report.html？L=2

② http：//www.organic-europe.net/country-info/luxemburg/country-report.html？L=stvsadwdcmq

有机生产商和加工商的检查认证主要由德国认证机构 Kontrollverein Okologisher Landbau 负责，农业部则负责对小型加工商的检查。目前，有机检查的成本由农业部负责[①]。欧盟有机农业法规和其他条例在卢森堡适用。在遵守欧盟有机法规的前提下，一些有机协会的标准也有效，在某些方面，例如对外部引入的饲料，这些标准比欧盟标准还要严格。卢森堡没有国家有机标志，一般使用 Bio-Letzebuerg 的两个标志 Demeter 和 bio-LABEL。

（七）阿尔巴尼亚有机生产法规及管理概况

阿尔巴尼亚 1997 年开始有机运动，当时，一批知识分子成立了有机农业协会，立志要推动阿尔巴尼亚有机农业发展；2001 年，瑞士发展与合作署委托 FiBL 帮助当地发展有机行业，随后几年里，“阿尔巴尼亚可持续农业支持”项目（SASA）推动了有机行业的发展；2004 年政府发布的“有机产品生产、加工、认证和销售法”成为一个里程碑，紧接着 2005 年有机生产者协会 BioAdria 成立，2006 年地方认证机构 Albinspekt 也创立。2010 年成立的有机农业协会（IOA）使技术支持制度化，以往的技术支持主要通过 SASA 提供给农户，如今政府为该协会提供支持，希望它将有机专业知识引入公共推广体系中。

Albinspekt 是阿尔巴尼亚最大的认证机构，90%多的有机经营者都由其认证，它也是国家法律授权开展认证业务的唯一机构，其认证业务与国家补贴进行捆绑。还有一些国际知名认证机构在阿尔巴尼亚开展业务，但仅限于出口认证。有机农业协会（IOA）是重要的有机实地研究机构和有机种子繁殖机构。农业、食品和消费者保护部（MoAFCP）负责有机行业监管和有机农业补贴计划的实施。

2004 年 2 月 26 日公布的关于有机产品生产、加工、认证和销售的国家法律主要根据欧盟 2092/91 号规定制定，后根据欧盟法规的变化进行相应的修订。阿尔巴尼亚政府对有机农业的最大支持就是有机农户补贴计划，2008 年开始实施并稳定推进。2007 年农业部发起国家有机农业行动计划，并得到地中海

① http://www.docin.com/p-1396496406.html

巴里农学院的支持①。

（八）科索沃有机生产法规及管理概况

目前，科索沃有机生产处于发展初期。其自然条件非常适合有机农业发展，尤其是山区，发展有机农业非常有潜力。现有有机农场数目很小，且都处于有机转换期，需要向农户提供技术信息、培训和财政支持来推动更多地区进入有机转换。根据科索沃有机农业协会（AOFK，成立于2002年，现由于资金问题不活跃）的报告，2011年科索沃有11.1 hm^2 土地处于有机转换状态。

科索沃有合适的自然资源和多样化的山地植物群，药用植物和药用果实有1 800多种，因此有机野生采集是一个不错的选择。2011年一些公司收购并出口了山地药用果实、药用植物以及550 t野生水果（如蓝莓、蔓越莓、松子、梅子、干苹果等），价值81.5万欧元。

科索沃进行有机认证的机构有两家，分别是来自阿尔巴尼亚的ALBINSPEKT和前南斯拉夫马其顿共和国的PROCERT。2010年，科索沃农业部成立了有机农业部门，主要职责是支持有机农业发展，推动实施农业部颁布的关于有机农业的02/L-122号法规，该法规主要对有机产品包装、存储和运输以及有机产品认证和管理进行了规定。科索沃的有机规定主要依据欧盟有机法规，并随之进行相应修改。2013年在地中海巴里农学院的支持下开展了一个项目，进行有机法规的修订补充，并着手制定次级法规②。

（九）黑山共和国有机生产法规及管理概况

过去10年是黑山共和国有机农业集中发展的时期。在有机农业发展早期，NGO发挥了重要的推动作用。2004年"有机生产法"以及后来次级法规的公布实施都为有机农业的发展奠定了法律基础。世界粮农组织FAO开展的项目"黑山共和国有机农业：对小规模有机种植户的共同支持"（2008—2011）对该国有机行业的发展做出了重要贡献，项目主要目标是通过强化有机农业组织框

---

① FiBL，IFOAM. The World of Organic Agriculture-Statistics & Emerging Trends. 2013

② FiBL，IFOAM. The World of Organic Agriculture-Statistics & Emerging Trends. 2013

架和能力建设来实现对农业的支持，同时加强认证机构的技术水平和推广服务。通过定点示范，提高了小规模农户对有机农业的认识，提升了他们生产、加工和销售有机产品的能力。另外，丹麦合作发展组织的“有机农业发展计划(2009—2013)”（DANIDA）也为黑山有机农业发展提供了进一步的支持，具体体现在帮助发展认证机构、服务推广人员的培训、对生产者协会发展的支持、通过有机生产投资补助计划提升行业竞争力等。2009 年有机转换和有机经营土地面积为 29.17 hm^2，2010 年为 61.28 hm^2，到 2011 年，增长为 122.1 hm^2。

黑山共和国农业与乡村发展部（MARD）负责有机生产相关政策的全面协调，并管理有机生产者的注册登记。Monteorganica 是本国有机认证机构，成立于 2005 年，2006 年经农业与乡村发展部批准运营，主要负责认证业务和合格证颁发。另外 3 家国外认证机构也得到了批准，分别是：德国的 BCS Öko-Garantie GmbH、塞尔维亚的 Organic Control System 和意大利的 Suole e Salute。2011 年 5 月，全国性的有机生产者协会“Organic Montenegro”成立，旨在推动国内有机农业和有机市场的发展。国家咨询服务中心在全国各地有办公室，为生产者提供培训和指导。

目前，黑山共和国已建立了有机农业法规框架，2004 年依据欧盟 2092/91 号和 2381/94 号法规制定了“有机生产法”，2005 年又颁布了该法的次级法规；2007 年以后，针对有机农产品管理和认证的外国机构的经营做出了规定；2011 年，根据欧盟法规的变化对现有法规进行调整。MARD 的官员负责有机生产监管，农业巡视员则负责有机生产法规及其相关法规实施情况以及有机农业支持计划的监管。

2009—2012 年期间，农业部为有机农业提供有机畜牧和有机种植基本补助，每公顷大田作物和草药可获得最多 150 欧元的补助，每公顷水果、种子与种植材料最多可得到 250 欧元补助，每头牲畜 50 欧元，每只家禽 2 欧元，每个蜂巢 30 欧元。还针对产品质量提高和竞争力增强采取了一些措施，如对农户有机转换后的前 5 年进行资助，2009—2010 年这一补助高达 1 200 欧元。另外，2010—2012年在DANIDA项目下对有机农业投资行为提供补助，总资助额为100万欧元，75%来自丹麦，25%来自MARD①。

（十）塞尔维亚有机生产法规及管理概况

20世纪80年代中期，塞尔维亚有机农业通过小农户的自发行动开始发展；1990年，从事有机生产的一些生产商、农户、咨询机构和学习团体共同成立了NGO组织Terra；2000年，联邦议会通过了塞尔维亚首个有机农业生产相关的法律，即28/2000号政府公报；2005年，塞尔维亚农业部成立了有机生产部门，负责有机生产的管理和推广；2009年，国际有机生产协会Serbia Organica成立。

根据农业部官方数据，2011年塞尔维亚有机农业用地6 335 hm^2，其中永久性草地为3 327 hm^2；有机牲畜为5 800头，一半以上是绵羊。2010年有机农业用地5 855 hm^2，占所有农业用地的0.13%；2012年，有机农业用地6 340 hm^2，84.6%为耕地和多年生作物（主要是谷物、水果、饲料作物、工业用植物、蔬菜和药用及芳香类植物），其余为永久性草场和牧场。有机生产商1 073户，加工商32户。有机产品主要在专卖店、大城市的绿色产品市场和一些超市销售。国内消费市场在过去不断增长，但产品种类和数量仍有限，消费者购买力不足也阻碍了市场的扩大。

塞尔维亚国家有机生产法于2011年1月生效，并规定了国家有机标识。同年7月，该法对应的规则手册生效。2012年10月，塞尔维亚启动了有机生产法的修订程序，目标是制定更多具体的生产原则和规定，明确农业部下属的相关单位的监管责任以及之间的协调。

目前，塞尔维亚有机生产商177家、加工商25家、进口商18家、出口商15家、养蜂户10户。2011年官方注册的认证管理机构有7个，有的机构客户不足20位。

---

① FiBL，IFOAM. The World of Organic Agriculture-Statistics & Emerging Trends. 2013

（十一）克罗地亚有机生产法规及管理概况[①]

生态动力农业的创始人 Rudolf Steiner 1861 年就出生在克罗地亚；1991 年，克罗地亚首个有机农业协会 BIOS 成立；1996 年，《有机农业——农业的未来》一书出版；2001 年，克罗地亚颁布实施有机农业相关法律。

过去十几年，克罗地亚有机市场规模稳定增长，有机加工业虽然还处于早期发展阶段，但很有发展潜力。有机食品和饮料市场中进口产品估计占总值的 65%左右。主要的有机食品和饮料在一般的零售店销售，直销很有限，较大城市的有机产品专卖主要由国内两个贸易商商店控制，网络销售越来越流行，新鲜水果和蔬菜也可以在农户市场买到。

2012 年，克罗地亚有机农业用地 31 904 hm^2，其中，56%种植农作物，24%为草地，13%为果园和葡萄园，4%种植草药和药用植物，3%为其他作物。主要种植的农作物是谷物和油类作物，尤其是大豆。有机生产者 1 528 户，有机产量零售额 1.04 亿欧元。

2013 年克罗地亚成为欧盟成员国，向欧盟进出口有机农产品更加便利。Heinrich Boell Foundation 发布关于克罗地亚有机农作物环境和经济可行性的审查报告。克罗地亚有机产品市场发展迅猛，绝大部分婴儿产品是有机产品，但都是进口的。网上销售越来越受欢迎。

国内现有的有机法规是《有机农业生产与有机农产品销售法》（139/10 号政府公报）以及相关章程，并得到了很好的实施。由于加入欧盟，2013 年 7 月后欧盟关于有机农业的法规及其他相关法规也适用于克罗地亚。政府 2011 年推出了“2011—2016 年行动计划”，目标是到 2016 年有机生产用地占全部农用地的 6%，但由于缺乏系统监管和公共资金支持，计划执行得不很令人满意。克罗地亚 2005 年就对有机农业提供补贴，补贴比传统农业约高 30%，但这些补贴往往会滞后，最晚的两年后才能拿到。中央和地方政府也为一些活动提供资助，尤其是农业展览和免费的推广项目（作为公共推广服务的一部分）。有

① FiBL，IFOAM. The World of Organic Agriculture-Statistics & Emerging Tren. 2014

机农业的研究一般都是感兴趣的个人进行的，较为末端。农户可以通过公共推广服务免费进行咨询和培训。

（十二）塞浦路斯有机生产法规及管理概况[①]

塞浦路斯有机农业发展始于1988年，当时有两名农民开始种植一些有机产品，包括土豆、谷物、畜产品（奶制品、肉类）等，农场面积约3 hm^2。20世纪90年代，有机农业的农场数量和从业人员逐步缓慢增加，新增产品包括甜食葡萄、角豆、干豆、红酒、香料等，产品主要在当地销售。到1999年，塞浦路斯有15家农场、13 hm^2 土地按照有机方式经营，除了一个甜食葡萄农场和一个葡萄庄园稍大外，其他农场规模都不超过0.5 hm^2。

到2000年，唯一一家出口有机产品的公司位于皮苏里，即利马索尔的Gelero S/M LTD公司。2000年，塞浦路斯成立了有机产品协会。塞浦路斯加入欧盟前准备的2000议案（Agenda 2000）中，有机农业是重要组成部分，属于优先发展部分。有机农业的援助方案也已启动。

1988年有机农业发展之初，有机产品的生产、加工、包装和标识总体上与当时的IFOAM基本标准保持一致。1993年后，有机生产、加工、检查和认证体系开始遵守欧盟2092/91号法规。截至2000年，在塞浦路斯开展有机认证的机构都是欧盟授权的机构及其与塞浦路斯公司合资成立的机构，2000年认可的有机认证机构包括：Lacon（德国）、Dio（希腊）、Skal（荷兰）。这些机构认证标准与欧盟2092/91号法规基本一致。

（十三）爱尔兰有机生产法规及管理概况[②]

1982年，爱尔兰有机农民和生产者联盟（IOFGA）成立；1991年，认证机构有机信托Organic Trust成立；1994年，根据农业环境保护方案，有机农民首次得到财政补助；2007年，设立新的专门的“有机农业计划”；20世纪90

---

① Organic Farming in Cyprus，http：//www.agro-net.eu/attachments/132_cyprus%20organic%20farms.pdf

② http：//www.organic-europe.net/country-info/ireland/country-report.html? L=1%20onfocus%3DblurLink%28this%29

年代后期，农产品和海洋部成立一个专门的有机部门。

2011 年，爱尔兰共有 54 122 hm^2 土地进行有机生产，其中 96.2%是永久性草地和牧场，3.7%是耕地。有机产品生产商 1 400 家，加工商 204 家，进口商 31 家，出口商 10 家（IOFGA 成员）。

爱尔兰有机市场相对稳定，86%零售，14%直销。最畅销产品是牛肉、水产养殖产品、水果和蔬菜以及乳制品。主要进口产品有水果、蔬菜、动物饲料，主要出口产品有水产养殖品和牛肉。

在爱尔兰，农业部是有机农业的主管部门，农业部将具体的管理任务委托给私人机构代行。欧盟有机农业相关法规，认证机构的标准都适用。爱尔兰没有国家统一的有机标识，认证机构采用欧盟有机标志。

对有机农业的支持主要通过欧盟乡村发展计划、国家有机行动计划以及其他方式实现。爱尔兰制定了“2012—2015 年有机农业行动计划”，目标是 2020 年将有机认证土地面积提高到 5%，开拓潜在出口市场，发现影响有机农业发展的因素等。

（十四）爱沙尼亚有机生产法规及管理概况①

1989 年爱沙尼亚还未从苏联独立出来的时候就已经成立了爱沙尼亚生物动力联盟（Estonian Biodynamic Association），并根据 IFOAM 标准制定了爱沙尼亚首个有机农业标准，采用了“ÖKO”有机标识。随后，该国才逐步发展出有机认证、地区性的联盟和有机监管组织。1997 年，首个有机农业法案颁布。3 年后，即 2000 年，爱沙尼亚的农业部成立了“有机农业和农业环境基金会”，积极推动有机农业发展。同年，农业部下设了农业-环境管理局，专门负责有机农业的监管。从 2004 年起，对有机农业的全面监管责任转移至有机农业管理局。2008 年，有机农业研究中心成立，该中心开设了众多有关有机农业、加工和营销的免费课程，还与大学及其他研究所紧密合作。爱沙尼亚也是 IFOAM（国际有机农业运动联盟）欧盟地区的成员。农业部和欧盟也为生产者提供有

① http：// www.organic-europe.net/fileadmin/documents/country _ information/estonia/vetemaa-mikk-2015-estonia-2014.pdf

关有机农业生产、加工和营销的免费课程和信息咨询服务。

过去的10年里，爱沙尼亚经认证的有机农田面积增长了5倍；2012年，认证的有机农田占到全国农田总面积的15.3%（14.4万 hm^2），认证有机农场个数达到近1 500个；到2014年，有机认证农田面积158 071 hm^2，占全国农田总面积的16%，另有129 790 hm^2 天然土地被认证为野生采集土地。有机加工产业还在初始发展阶段，但是很多消费者热衷于购买有机产品。经注册的有机食品加工商和贸易商为220家。比如，有机连锁超市Biomarket在首都塔林就有5家店面，售卖超过4 000种有机产品。爱沙尼亚还参加了2014年1月的"柏林国际绿色周"（International Green Week Berlin，大型的食品、农业和园艺博览会）。

爱沙尼亚的有机产品主要通过专卖店和直销的方式销售。有机专卖商店大约有40个，其中20个在首都塔林（塔林总人口约40万）。该国有大约10家售卖有机产品的网店①。消费者也可以在各地农夫市集上买到有机食品，但是目前该国还没有专门售卖有机食品的农夫市集。餐饮部门的经营者也在努力增加有机食品的比例。一些餐厅和餐饮公司正在尝试尽可能地使用有机原材料，幼儿园和学校也对使用有机食材表现出越来越多的兴趣。不管是国家部门，还是有机联盟，都在积极地为有机产业做宣传，宣传方式包括手册、活动和品鉴会，以及一部专门讲述有机农业和美食的四集电视纪录片"Mahemaa"（有机土地）。

该国进口很多其他国家的有机产品，但本国产品所占的比例在逐步提升。和其他很多国家一样，价格是制约一些消费者购买有机产品的主要因素之一。但有些生产团体中，有机和常规产品的价格是一样的。

在2012年，一份消费者调查显示，82%的爱沙尼亚人都愿意购买有机产品，主要购买原因是有机产品健康和环保。爱沙尼亚农业部长Helir-Valdor Seeder一直都在支持绿色事业的发展，在一份有关有机农业的手册前言中，他写道，"在全世界范围内，对于有机食品的需求都在增长，有远见的农民都应

① http：//www.yogeev.com/article/41068.ht

该对这一产业未来的持续增长信心十足。”Seeder 认为有远见的发展是很重要的，首先需要立足国内市场，未来也会发挥国际市场的潜力。该国农业部制定和实施了 2007—2013 年的有机行动计划以及乡村发展计划，这都对其有机事业产生了积极的推动作用。而据农业部长 Seeder 的规划，未来一段时期内，能够给农产品增值的有机加工产业将会得到进一步支持（目前在爱沙尼亚只有 160 个加工和零售有机产品企业）。

第三章　亚洲国家有机生产法规与管理

一、日本有机生产法规与管理

（一）日本有机农业发展历史及现状

日本有机农业政策是建立在国土狭小、农产品自给率低的基础上，侧重于农业的土地保护、水源涵养、自然资源保护以及景观保持等功能，通过土壤改良以及减少或尽量不使用农药、化肥，减少对环境的污染或减轻环境的负荷，在兼顾环境保护的基础上，有效地提高农业生产效率，生产出高档次的优质绿色食品。日本是世界上有机农业发展较快和有机食品消费地区之一。

日本的有机农业实际经历了从“无机栽培”到“化学栽培”再到“有机农业”的发展道路。从 20 世纪六七十年代起，日本就本着兼顾“食”与“绿”，即提高农产品自给率与环境保护并举的原则，制定了一系列的政策制度，致力于发展有机农业并取得了显著效果。20 世纪 70 年代，日本政府相继出台了《农业取缔法》、《土壤污染防治法》等法律法规，各大城市、农村相继以一般民众活动的形式开始了有机农业运动。1971 年，日本成立了全国有机农业研究会。日本农林水产省在 1988 年度的《农业白皮书》中首次正式提出发展有机农业，决心改革传统的农业生产方式，制定了有机农产品的标准，并正式颁布实施。地方政府十分注重有机农业的发展，并鼓励农民从常规农业生产向有机农业生产转换，推行积极的有机农业政策，促使有机农业的广泛应用。

1971—1985 年是日本有机农业发展的起步阶段。1986—1995 年的 10 年间，日本的有机农业进入了迅猛发展阶段。1992 年 6 月 10 日，日本政府在颁布的《新的食品、农业、农村政策的方向》中首次提出发展环境保全型农业，并把它作为农业政策的新目标。

到2010年，日本有机农田面积为16 417 hm^2，占总耕地面积的0.4%。有机农产品的种类主要有蔬菜、水果、米、大豆和绿茶等。2010年，产量居前三位的是绿茶、大豆和蔬菜。2010年，日本的有机农户数量从2005年的5 104户增加到11 859户，占全国农户总数的0.6%，有机农户数量逐年增加，从2006年到2010年增长率达到35%。有机农产品生产总量为56 415 t，占国内农产品生产总量的23%。见表3-1。日本有机农业主要以农作物栽培为主。在实行有机栽培的作物中，有机稻米占50%，有机蔬菜占35%，其余为有机水果、有机茶和有机奶肉蛋等。除有机农产品外，日本还有各类特别栽培的农产品，如无农药、减化肥栽培的农产品，减农药、无化肥栽培的农产品，减农药、减化肥栽培的农产品等。真正的有机食品只占农产品总量的0.13%。2013年，日本的有机销售额占全球有机产品消费数额的2%。2015年日本有机农业用地面积为10 043 hm^2，占耕地面积的0.2%，有机生产者数量2 130人。

表3-1　日本有机农业发展（2005—2010年）①

项目	2005	2006	2007	2008	2009	2010
国内生产总量（t）	30 529 000	29 251 800	30 037 100	30 235 500	29 088 000	24 389 000
有机农产品生产总量（t）	48 172	48 596	53 446	57 342	57 342	56 415
占国内农产品生产总量比例（%）	0.16	0.17	0.18	0.20	0.20	0.23
有机农户数（户）	5 104	8 764	10 045	11 323	11 323	11 859
占全国农户总数比例（%）	0.26	0.45	0.51	0.56	0.58	0.60
平均每户有机农产品生产量（t）	0.11	0.18	0.19	0.20	0.20	0.21

日本有机农产品销售渠道中，占第一位的是农协和批发企业；第二位是零

① 高杨，尹世久，徐迎军．日本有机农业“再发展阶段”的支持政策及其对中国的适用性研究．世界农业，2014（12）：74-78

售企业及餐饮企业；第三位是消协等消费者团体[①]。日本有机农产品在发展过程中形成了生产者和消费者紧密联系的产销协作系统，成为日本有机农业发展的主要动力。日本政府鼓励消费者尽可能地购买自己本国生产的产品。但是，日本政府对有机农业并没有支持政策或特殊基金。日本守护大地协会是日本最著名的有机农产品供销组织之一，成立于1975年，拥有2 500个签约农户和超过10万户以家庭为单位的消费者。创始人藤田和芳被称为日本有机农业教父。日本有机农业研究会于1971年成立，是以生产者、消费者和研究者为中心的，以探究、实践、普及、交流为目的结成的组织。该研究会由会费和自愿者运营，出版物不刊发广告和告示，保持独立性的团体。现有4 000个会员[②]。

（二）日本有机农业政策法规体系

从20世纪六七十年代起，日本就本着兼顾“食”与“绿”，即提高农产品自给率与环境保护并举的原则，制定了一系列的政策制度，致力于发展有机农业并取得了显著效果。日本关于有机农产品的法规和标准由农林水产省制定和实施。日本的有机标准经历了从自愿规则到立法的过程。

20世纪70年代，日本政府相继出台了《农业取缔法》《土壤污染防治法》等法律法规，各大城市农村相继以一般民众活动的形式开始了有机农业运动。1971年，日本成立了全国有机农业研究会。1992年，日本的农林水产省发布了一个关于可持续农业发展的《有机农产品及特别栽培农产品标识准则》作为自愿性指南（该指南直到2000年还适用），不需要单独的有机认证，不具有强制性。日本农林水产省在1988年度的《农业白皮书》中首次正式提出发展有机农业，决心改革传统的农业生产方式。

1999年日本制定《食品・农业・农村基本法》，第四条规定要促进农业的可持续发展，通过加强农业对自然循环的促进作用实现农业可持续发展。以此法为基础，2000年日本制定了第一个《食品・农业・农村基本计划》，以后每5年更新一次。为进一步促进有机农业发展，明确有机农业发展基本理念和国

---

① 张文胜．日本有机农业的经营与产销协作．2010（1）：53-57

② http：//www.joaa.net/mokuhyou/yukinouken.html

家、地方政府的责任与义务，同时也为了制定与有机农业发展相关的各项政策措施，2006年日本制定《有机农业促进法》。基于此法，农林水产省又于2007年4月制定了《有机农业发展基本方针》，方针将加强有机农业生产设施建设作为有机农业发展的重点。在2010年新制定的基本计划中，围绕农业可持续发展提出了一系列措施，其中关于有机农业方面，提出要以《有机农业促进法》为基础，加快有机农业技术的研发应用和普及，扩大有机农业生产规模，加强有机生产基地间的合作进而保证有机产品的稳定供给，提高消费者对有机农业的接受程度。进一步推广普及JAS有机食品认定制度，加快有机农产品的生产和流通。2014年4月新的《有机农业发展基本方针》颁布实施，方针以进一步扩大有机农业生产作为重点，提出要加强有机农业农户与其他利益相关者之间的合作。

为了纠正有机农产品标示不当且生产标准不统一等问题，2000年日本在JAS法（1950年制定的《关于农林产品标准化与质量表示法》，简称JAS法，通过制定、实施合理的农林产品标准，促进生产合理化，改进农林产品质量）的基础上制定了有机农产品的农林规格，即有机JAS规格，主要用于为制定与有机农产品生产相关的各项标准提供依据。该规格主要包括有机农产品JAS规格、有机加工食品JAS规格、有机饲料JAS规格、有机畜产品JAS规格。2001年4月1日，JAS有机食品认定制度正式实施，有机农产品认定机构对符合JAS规格的有机农产品生产农户以及有机食品加工者的生产活动进行检查认定，对符合生产规格的生产者允许其使用“有机JAS”标志。该认定制度主要是保护消费者区分出现在日本市场上很多错误使用的“有机”名称产品。

基于有机农产品的JAS规格，农林水产省制定了有机农产品生产加工相关的各项标准，例如《认证有机农产品和有机饲料的国内或国外生产加工管理者的技术标准》，适用于国内和国外有机农产品和有机种子（限于精制和挑选的）生产加工管理者；《认证国内和国外有机畜产品生产加工管理者的技术标准》，适用于国内和国外有机畜产品生产加工管理者；《认证国内和国外有机农产品、有机加工食品、有机种子和有机畜产品再包装商的技术标准》，适用于国内和国外有机农产品、有机加工食品、有机种子和有机畜产品再包装商；《认证有机农产品和有机加工食品进口商通告技术标准》，适用于有机农产品和有机加工食品进口商；《生产加工有机农产品、有机加工食品、有机种子和有机畜产品检验方法》，适用于生产加工有机农产品、有机加工食品、有机种子和有机畜产品等。

为配合认证制度的有效实施，日本农林水产省 2003 年发布了《日本有机农产品检查认证制度使用指南》，该指南在 2005 年、2007 年、2009 年、2012 年分别进行过修改，目前使用的是第五个版本。

（三）日本有机生产管理体系

日本发现疯牛病后，消费者对食品安全日益关注。为此，日本农水省决定，自 2002 年起对肉、蛋等畜产品也实施“有机食品”认证制度。对用有机饲料喂养，未使用抗生物质的牛和鸡制作的食品给予“有机食品”的认证。有机农产品生产的基本条件是，把使用来自外部的材料控制在最低限度以内，避免使用化学合成的肥料和农药。虽然由于一般的环境污染，不能保证在有机农产品上完全没有化学物质残留，但是应采用能够尽量降低由农业生产给环境造成负担的栽培管理方法。关于在不得已的情况下而使用的材料，JAS 明确规定，可以采用根据食品法典指南的标准进行判断等方式，采用能够把对大气、土壤和水造成的污染控制在最低限度的方法进行生产。

日本有机农产品的主要管理机构是日本农林水产省，主要负责法规和标准的制定和实施。日本对有机农产品的生产过程和进口检疫管理由农林水产省负责；对有机农产品的流通加工则由厚生劳动省归口管理。

1996 年以后，随着有机农产品需求量的增加，流通销售渠道的多元化，出现一些仿冒、假冒的有机农产品，加上不少私人机构执行多样化的认证标准，有机产品信誉受到损坏，日本有机农业发展一度处于徘徊阶段。为规范有机产品市场，日本政府在市场调研的基础上加大了监管力度，对认证机构进行了整顿，使日本的有机农业进入了规范发展的阶段。面向有机农业制定了有机 JAS 规格和 JAS 有机食品认定制度，对农场、加工厂、包装以及进口商都提出了具体的标准要求。只有符合有机 JAS 规格要求的产品，才允许使用 JAS 标志，否则将处以高额罚款，严重者还会被判刑。同时法规也明确未经认证认可，不许有类似“有机农产物”“有机栽培”“有机”等容易引起误解的用语。此外，日本政府还重新对认证机构进行了清理整顿。截至2015年，日本有6 927个农场获得有机认证。

在日本，由政府制定、颁布法令、法规和标准，成立认可的认证机构；认证机构负责进行有机农产品生产加工各个环节的检查；由有机农业协会负责生产者的生产、销售的咨询服务以及生产者之间的相互协调，促使农民自发并自愿地按照有关标准进行生产。生产过程严格控制，农户从事有机农业的一切活动，必须有详细记录，以便认证机构的检查员随时审查，发现违规，轻者罚款，重者取消资格。日本各县、市分别申请成立了农林水产省授权的登记认证机构，开展有机食品的检验和认证业务。登记认证机构必须接受农林水产省审查，满足基准要求的，农林水产省大臣给予认可并登记，确定实施登记认证业务后开展对农户等申请者进行认证。认证后，生产者自己负责对所生产或制造的农产品或加工品依据JAS基准进行检查，认为符合标准可以贴有机JAS标识，但生产者仍要定期接受登记认证机关的抽检，对于不符合JAS基准的取消其有机农产品生产资格。只有日本农林水产省授权各县、市所设立的有机农产品认证机构，才有资格实行有机农业认证业务，农林水产省检查员不定期对执行有机JAS基准情况进行检查，对执行不力的停止认证业务，限期进行整顿，随后要重新申请登记认证资格，并建立民众举报制度。

二、中国有机生产法规与管理

（一）中国有机农业发展历程

中国有机食品的发展可分为萌芽起步、初步发展、规范快速发展三个阶段。

1. 萌芽起步阶段（1989—1993年）

中国有机农业的起步始于20世纪80年代末。1989年，多年积极从事生态农业和有机农业研究、实践和推广的国家环境保护局南京环境科学研究所农村生态研究室加入国际有机农业运动联盟（IFOAM），成为中国第一个IFOAM成员。

1990 年，根据浙江省茶叶进出口公司和荷兰阿姆斯特丹茶叶贸易公司的申请，加拿大的国际有机认证检查员 Joe Smillie 先生受荷兰有机认证机构 SKAL 的委托对位于浙江省和安徽省的 2 个茶园和 2 个茶叶加工厂实施了有机认证检查。此后，浙江省临安市的裴后茶园和临安茶厂获得了荷兰 SKAL 的有机颁证。这是在中国开展的第一次有中国专业人员参加的有机认证检查活动，也是中国农场和加工厂第一次获得有机认证。

期间，相关的理论研究工作也在大学、科研院所等机构同步开展。

2. 初步发展阶段（1994—2002 年）

1994 年，南京环境科学研究所的农村生态研究室经国家环境保护局批准，改为“国家环境保护局有机食品发展中心”，后称为“国家环境保护总局有机食品发展中心”（Organic Food Development Center of SEPA，OFDC），负责开展有机农业的研究、宣传、培训和推广活动。之后，OFDC 与世界各地的有机界同行建立了广泛的合作关系。这一阶段，中国大陆相继成立自己的有机认证机构，制定机构或部门推荐性行业标准，并开展相应的认证工作。

OFDC 根据国际有机农业运动联盟组织的有机生产加工的基本标准，参照并借鉴欧盟委员会有机农业生产规定以及其他国家如德国、瑞典、英国、美国、澳大利亚、新西兰等有机农业协会或组织的标准和规定，结合中国农业生产和食品行业的有关标准，于 1999 年制定了 OFDC《有机产品认证标准》（试行），2001 年 5 月由国家环境保护总局发布成为行业标准。

根据农业部“无公害食品行动计划”关于绿色食品、有机食品、无公害食品“三位一体，整体推进”的战略部署，按照农业部的要求，中国绿色食品发展中心（中国农业部 1992 年批准组建，负责开展中国国内的绿色食品认证和开发管理工作）于 2002 年 10 月组建了“中绿华夏有机食品认证中心（COFCC)”，并成为在国家认监委登记的第一家有机食品认证机构。COFCC 根据 IFOAM 基本标准以及欧美日等国家和地区标准制定的《有机食品生产技术准则》，列入 2003 年农业部行业标准制定项目，并在全国培训了 76 名有机食品检查员（包括实习检查员），同时 COFCC 为扩大企业的影响力，增加农产品的出口创汇，积极开展对外合作，已经和欧洲的 SGS、日本的 JONA 和 OMIC 签署了全面合作协议，120 多家企业通过了 COFCC 的认证。

3. 规范快速发展阶段（2003 年至今）

本阶段以 2002 年 11 月 1 日《中华人民共和国认证认可条例》的正式颁布实施为起点，有机产品（食品）认证工作由国务院授权的国家认证认可监督管理委员会统一管理，进入规范化阶段。有机产品认证机构的认可工作最初由设在国家环保总局的“国家有机食品认证认可委员会”负责。根据 2002 年 11 月 1 日开始实施的《中华人民共和国认证认可条例》的精神，国家环保总局正在将有机认证机构的认可工作转交国家认监委。国家认监委于 2003 年组织有关部门进行“有机产品国家标准的制定”以及“有机产品认证管理办法”的起草工作，并于 2005 年 4 月 1 日实施①。

国家标准的发布和实施是我国有机产品事业的一个里程碑式的事件，标志着我国有机产品事业又走上了一个规范化的新台阶。

（二）中国有机农业发展现状

中国有机农业生产基地绝大多数分布在东部沿海地区和东北各省区，西部地区利用西部大开发优势，近几年有机畜牧业发展势头良好。经过长期以来的发展，我国有机食品的开发呈现以下的格局：东北地区以生产有机豆类为主，还有花生、向日葵籽、大米、野生天然产品等，有机生产基地面积很大，总产量高，产品相对单一；山东省以出口蔬菜为主流产品，生产面积不大但集约性强，产品大多出口到日本；江苏、浙江、安徽、江西等地以茶叶为主，同时生产有机大米、蔬菜、生姜、芝麻等；广西、云南、贵州、新疆等西部省份部分地区自然条件优越，野生天然产品丰富，传统农业生产方式得到很好的继承与保留，目前正在加大有机农业的开发力度；上海等大都市有机蔬菜生产受到政府的高度重视。

从数量和面积来看，东北三省和内蒙古最大；从产品加工程度和质量控制方面来看，上海、北京、浙江、山东和江苏等东部省份占较大优势；从发展速度来看，江苏、浙江等经济发达省份，江西、云南、内蒙古等环境优势省份近年

① 杜相革，董民．中国有机农业发展现状、优势及对策．农业质量标准，2007（1）：4-7

来发展迅速；从产品种类来看，有机和有机转换产品已经有约50大类，400～500个品种，主要为蔬菜、水果、豆类、水产品和野生采集产品；从有机产品结构来看，中国目前有机产品主要为初级原料，加工产品较少，以植物类产品为主，动物类产品相当缺乏，野生采集产品增长较快。总体看，中国有机农业在布局上向发达地区和西部欠发达地区以及东三省集中趋势明显；有机产品多集中在植物类产品上，初级产品多，加工产品少；有机茶、有机蔬菜、有机大豆和有机大米等所占比重较大，也是中国有机产品的主要出口品种。

20世纪90年代以来，在国内外有机食品贸易机构的推动下，我国开始有少量地区按照有机农业生产要求种植和管理。1995年起，国内经认证的有机食品有茶叶、蜂蜜、奶粉、大豆、芝麻、荞麦、核桃、松籽、向日葵籽、南瓜籽、八角等100多个品种。有机食品的销售增长很快，年增长率达10%以上，提供的有机食品增加到130多种，其中有40多种出口到欧美国家。

据统计，我国有机食品出口贸易额已从1995年的30万美元增加到1997年的800多万美元，到1998年底，有机食品年出口额达1 000多万美元。截至2013年底，中国有机产品产值816.8亿元，经认证的有机产品的销售额200亿～300亿元，占我国食品消费市场的0.29%～0.44%。我国出口的豆类及其他的油料作物产品数量最多，欧盟和美国是我国的主要出口贸易市场。

（三）中国有机生产政策法规体系

按照法律效力，我国现有的与有机产品认证认可有关的规范性法律文件可分为法律、行政法规和行政法规性文件、部门规章及行政规范性文件。

（1）法律包括《中华人民共和国食品安全法》《中华人民共和国农产品质量法》《中华人民共和国产品质量法》《中华人民共和国进出口商品检验法》《中华人民共和国标准化法》《中华人民共和国计量法》等，分别从不同角度规定了国家推行产品质量认证制度和管理体系认证制度及在不同领域利用和推动认证认可工作及其结果的政策和方式。

（2）行政法规和行政法规性文件包括《中华人民共和国质量法》《中华人民共和国认证认可条例》《中华人民共和国标准化法实施条例》《中华人民共和国计量法实施条例》等，是规范我国认证认可活动的重要法规。

(3) 部门规章主要有《有机产品认证管理办法》(国家质检总局令 [2014] 第 36 号)、《认证机构管理办法》(2015 年修订版)、《认证证书和认证标志管理办法》(2015 年修订版) 等。

(4) 行政规范性文件有《有机产品认证实施规则》(国家认监委 2014 年第 11 号公告) 及其他由国家认监委发布的规范性文件。我国有机产品标准为国家标准 GB/T 19630—2011《有机产品》，是有机产品生产、加工、标识、销售和管理应达到的技术要求[①]。

(四) 中国有机认证与管理

我国现有有机监督管理体系主要分为以下几个层级：

(1) 主管机构：国家认监委，由国务院设立，履行行政管理职能，统一管理、监督和综合协调全国各类认证认可 (包括有机产品认证和有机产品认证机构认可) 工作。

(2) 认可机构：中国合格评定国家认可委员会 (CNAS)，由国家认监委依法授权作为中国唯一的认可机构，负责对认证机构 (包括有机认证机构) 进行评价认可。

(3) 行业组织：中国认证认可协会 (CCAA)，负责认证审核员与检查员 (包括有机产品检查员) 的注册与管理。

(4) 地方认证监督管理部门：各省、自治区、直辖市质量技术监督局和各直属出入境检验检疫局为地方认证监督部门，在认证监督管理业务上接受国家认监委指导。

据国家认监委统计数据显示，截至 2014 年底，我国共颁发有机产品有效证书 10 227 张，获证企业 8 792 家，有机作物种植面积 115.3 万 hm^2，野生采集面积 82.2 万 hm^2；有机畜禽总产量 212.2 万 t；有机水产 34 万 t；有机加工产品 279 万 t；有机标签备案 10.56 亿枚；在境外颁发 121 张有机产品认证证书，认证企业 66 家[②]。2015 年，我国有机农业用地面积达到 161 万 hm^2，有机

① 王茂华，唐茂芝，曲丽等．我国有机产品认证标准和法规体系及其修订的背景和特点．中国标准化，2012 (4)：36-39

② http：//www.chinanews.com/cj/2015/09-24/7543031.shtml

生产者数量接近1万人，有机产品销售额达到47亿欧元，成为世界第四大有机产品市场。

截至2016年4月底，国家认监委共批准认证机构243家，其中内资机构有200家，占批准机构数量的82%，外资机构43家。经批准的认证机构中，具有管理体系认证资质的认证机构有165家，占批准机构数量的55%；具有产品认证资质的认证机构有111家，占批准机构数量的37%；服务认证资质的认证机构有25家，占批准机构数量的8%①。

（五）中国台湾地区有机法规与管理概况

1. 台湾有机农业发展历程及现状

台湾有机农业起步于20世纪50—60年代，并在1986年进入筹备、试种及示范阶段；1990年，台湾开始尝试推动有机农业的先驱计划；1995年，当时的台湾“农林厅”为发展有机农业，积极开展水稻、果树、蔬菜及茶叶等4项作物的有机栽培和示范，进行快速推广。1996年，台湾有机农产品的种植面积达159.6 hm^2。2003年，台湾有机农业已经基本实现广泛推广，各地积极加入有机农产品的生产活动中，台湾有机食品与饮料销售额达到912亿元新台币。

台湾“农委会”民间认证团体统计资料显示，截至2004年，台湾有机农产品种植户数为953户，种植面积为1 246.1 hm^2。

随着近年来台湾有机农业推广活动的不断深入，有机农业的种植面积和种植户数逐年递增。2007年，有机农业种植面积首次达到3 013.3 hm^2，且有936户农户均参与了有机农产品的生产活动，而在接下来的2008年和2009年中，台湾有机农业更是得到迅猛发展。2010年，台湾有机农业种植面积为4 043.7 hm^2，是2007年有机农业种植面积的2倍。至2013年，台湾有机农业种植面积总计达5 936.8 $hm^2$②。

目前，有机生活理念、安全消费规制和意识已经渗透到台湾社会生活和农

---

① http：//mp. weixin. qq. com/s? _ _ biz=MzAwNzUzNzU1MQ==&mid=2651200699&idx=1&sn=09440e4a2ca658d51d9aff844d8d74d1&scene=23&srcid=0506mA2aoQy6Kg57BE8KgacK#rd

② 黄巧龙，王团真，郑少红．台湾有机农业发展现状及其对福建的启示．台湾农业探索，2015(6)：7-12

业全产业链的各个领域，环境保护、有机生产规范、休闲农业和本地化精品消费构成了台湾有机农业发展的独特风景线，并实现了制度化和常态化①。

2. 台湾有机农业法规体系

目前全球有机农业法规架构体系主要有两种。一是欧盟与美国等所采用的专属架构体系，二是日本等国家或地区所采用的与其他农产品合并的架构体系。我国农业法规体系主要借鉴欧美国家的经验，采取专属架构，而我国台湾地区则借鉴日本的做法，采取与其他农产品合并的架构②。

1997 年，台湾颁发《有机农产品标识使用试办要点》，要求各区农业改良场办理有机产品认证及标识核发等工作，落实有机农业认证制度。1999 年，台湾“农委会”首次制定有机农业相关规范，颁布“有机农产品生产基准”“有机农产品认证机构辅导要点”“有机农产品认证辅导小组设置要点”等规定，进一步规范了有机农产品生产。2003 年，农委会依据“农业发展条例”第 27 条授权，颁布实施“有机农产品管理作业要点”“有机农产品认证机构资格审查作业程序”“有机农产品生产规范—作物”“有机农产品生产规范—畜产”等，辅导及推动有机农产品认证制度化。2006 年公布 CAS 有机农产品品质规格标准、标识使用规定，扶持“优良农产品（CAS)”　“农药检验合格证(GAP)”“观光农园”“优质米”和“安心蔬菜”等一批诚信标识，以认证品牌化推动有机消费。

为有效管理台湾地区有机产品，2007 年 1 月 5 日，“农委会”在“农产品生产及认证管理法”中制定有机农业相关规定，该法经台湾地区最高立法机关通过并实施，成为管理台湾地区有机农产品的基本法规。2009 年，实施“有机农产品有机农产加工品认证管理办法”，并重新修订“进口有机农产品及有机农产加工品管理办法”。由此，形成内外统一、全覆盖、可操作性的有机农产品认证法律法规制度体系。在此基础上形成的有机农业认证体系责任明确、层级分明、操作指导性强，岛内生产规范与进口认证并轨③。

① 吴越．闽台有机农业比较分析与思考．福建农业学报，2014（10)：1037-1044

② 陈彤．台湾有机农业发展特点及启示．台湾研究·经济．2013（3)：35-43

③ 吴越．闽台有机农业比较分析与思考．福建农业学报，2014（10)：1037-1044

“农产品生产及认证管理法”共计6章28条，该法规涵盖的生产类型包括优良农产品、有机农产品与农产加工品以及农产品产销履历管理三方面。其中有机农业专属的规定包括：第五条“有机农产品及农产加工品皆须符合相关有机规范始得以有机名义贩卖”规定、第六条“进口有机产品规定”、第十三条“有机农产品禁用物质规定”。不是专门针对有机农业但适用有机农业的相关规定包括：第九条至第十二条认证及认证机构认证规定、第十四条至第十九条查验及取缔规定以及第二十条至第二十五条的罚则。此外，第七条及第八条为产销履历认证规定，第七条授权主管机关可针对特定农产品项目实施自愿性产销履历认证制度，必要时可进一步对特定农产品类型实施“强制性产销履历认证制度”。根据法规的授权，“农委会”实施有机农产品的“强制性”产销履历制度，并已颁布有机米、蔬菜、茶叶、特用作物等多项作物的“有机农粮作物—台湾良好农业规范”（简称TGAP）。从事有机生产的农民必须依规定实行有机生产的产销履历制度。依据法规的第五条规定，有机相关规范对于台湾地区之外的有机产品皆具有强制力，并规定有相关罚则，相较于过去仅为自愿性遵守的规范系更能确实且有效地管理台湾地区有机产品。而有机生产产销履历的实施，可提供完整且详细的生产作业流程与管理作业相关规定，使生产者及认证人员双方皆有具体的规范可依循①。

为在台湾更好地推广有机农业发展，2012年仰山基金会与相关专家学者共同提出《有机农业促进条例》草案，政党轮替后又被陆续修订，2016年7月14日形成了有机专法。2015年台湾农委会也形成《有机农业法》的行政院版本，并广纳意见。虽官方与民间已经凝聚一些共识，但现阶段两个版本仍有不少差异。民间版与官方版的有机法草案都计划将PGS系统与友善农耕纳入条文，但对于友善农业的定义、友善与有机如何并行不悖、友善农耕如何管理，都尚未有定论②。

3. 台湾地区有机农业支持政策

台湾有机农业发展首先是由政府主导推动的。政府透过总部设在台北的

---

① 吴越，刘玲．海峡两岸有机农业法规比较研究．台湾农业探索，2012（6）：14-19

② http：//info. organic. org. tw/supergood/front/bin/ptdetail. phtml? Part=20160826

“农训协会”对合作社进行辅导，“农训协会”提取合作社盈余的5%作为会员费，开展合作社干部训练，提供行情和行业分析等服务，是集政策宣导、培训推广、应用研究于一身的社团组织。同时，农会和农业改良所在台湾农业推广体系里担当着重要角色。新技术推广比如产业转型和精英农民培养，以及农民教育（包括标准执行和理念培养），主要是经由他们来执行的。政府通过在农村推行“四健”教育和生态休闲产业，引导农村生活观念的转变和农业产业转型，循序推进有机种植①。

1995—2006年台湾地区有机农业政策的重点仅局限于有机农业相关规范的制定，缺乏全面性的政策。一些重要的推广或教育活动主要是由验证机构、协会等民间组织执行。2007年，农委会实施“新农业运动”将有机农业列为台湾地区农业发展重点，制定多项措施：第一，扩大有机农业生产。辅导农民办理有机验证、推动有机作物集团栽培、编印栽培技术手册、补助合格有机农户之水质及产品检验费；第二，研发有机农产品生产技术与资材，着重肥培管理与病虫害防治技术与资材的研发；第三，建构有机认验证管理体系、加强有机产品质量监测系统、提升有机验证机构绩效、推动有机农产品履历制度；第四，辅导拓展营销通路及消费者推广教育：举办研习交流活动、加强现有有机农业相关网站的信息功能、建立联合营销组织。在消费者推广教育方面，举办有机农场体验活动、推动有机农业的大众教育、成立有机生活研习站与生态村等。“新农业运动”有机农业政策的制定与实施，其涵盖法规、生产、市场、推广教育、研究等各个方面，将中国台湾有机农业政策提升至更高层次。

4. 台湾地区有机农业认证管理

台湾在有机农业发展初期对于验证机构的扶持和申请农户的高补贴是政府扶持有机农业产业成长的重要措施。2001年，开放民间机构从事有机农产品验证，农户申请有机验证的实际费用很低。台“农粮署”对通过有机认证的农户补助款包括验证过程所需之水质及土壤检验费每件4 400元新台币（下同）、产

① 吴越．闽台有机农业比较分析与思考．福建农业学报，2014（10）：1037-1044

品检验费每件 6 300 元和验证费每户最高 20 000 元，并核发每公顷 5 000 元奖励金，累计高达 35 700 元，补贴额度近 30%[①]。

三、韩国有机生产法规与管理

（一）韩国有机农业发展历程

韩国的有机农业经历了三个发展阶段。

第一阶段：20 世纪 70 年代末至 20 世纪 90 年代初。这一阶段也是韩国有机农业的启蒙阶段。20 世纪 70 年代由于农民过度施用化肥，农药残留过多，有些农民开始使用高投入的有机农业技术。在该阶段，韩国农业协会（Right Agriculture Association）和韩国有机农业协会（Korea Organic Agriculture Association）相继成立。这两个协会提倡的有机农业技术与政府倡导的粮食自给政策格格不入，许多使用有机农业技术的农民受到政府的压制。20 世纪 80 年代后，由于环境恶化，食品安全越来越受到农民的关注与重视，采用有机农业技术的农户迅猛增加。

第二阶段：20 世纪 90 年代初至 1997 年。由于社会和政治环境的变化和影响，政府不得不调整农业政策。1991 年，农林部成立了专门委员会来发展有机农业，并由韩国农村经济研究院带头对全韩国的有机农业进行普查。1993 年，韩国政府开始认证有机农业产品。1994 年，韩国持续农业管理处成立，挂靠韩国农林部。1997 年，国会通过《环境友好型农业法案》。由于调整了农业政策，韩国有机农业迅猛发展。

第三阶段：1998 年以后的过渡期。根据世界贸易组织（WTO）的规则，贸易全球化成为不可阻挡的趋势，决策者和农民都意识到，提高食品质量同粮食自给和降低农产品成本同样重要。为了适应农业全球化潮流，韩国的食品标准必须达到国际有机食品标准。2001 年政府的认证系统也与国际标准接轨。在这种情况下，韩国农民越来越重视有机农业。对农民来说，发展有机农业具有很大的风险和障碍，但农民已意识到这是未来农业的发展方向。

---

① 吴越，刘玲．海峡两岸有机农业法规比较研究．台湾农业探索，2012（6）：14-19

（二）韩国有机生产与产品市场

韩国政府对有机农业非常重视，有机农业发展迅速。2000 年，韩国有机农场的面积超过 14 235 hm^2，占耕地的 0.7%，主要以低投入的持续农业为主。由于农民意识到有机农业是未来农业的发展方向，所以农民开始发展新型的持续农业，生产有机水稻和蔬菜。2001 年，超过 4 800 个农场开始生产有机农产品。

有机农产品的营销是发展有机农业的关键，特别是在有机农业发展的初级阶段。在有机农业发展的初级阶段，生产者和消费者直接交易，政府对有机农产品市场不起任何作用。但随着有机农业的发展，有机农产品生产量增大，有机农产品的销售渠道也增多。目前有机农产品渠道有：消费者和生产者直接销售渠道；国内农产品简介渠道，大概有 10 个大型批发商；进口农产品渠道。

近年来，为促销有机农产品，政府通过补贴有机农产品和支持有机农产品贸易的办法发展有机农业。在有机农产品贸易方面，政府取消农产品的制度壁垒。目前，由于农产品达不到出口标准，韩国的有机农产品还很少出口；但个别公司进口有机加工食品，如橘子汁等。韩国有机农业产品市场规模达 6 000 亿韩元，且每年以 7%的速度增长。每一种农产品都有具体、严格的认证标准。目前，认证制度已在乐天、现代和新世界等几家大型百货店试行。

（三）韩国有机农业法规与认证管理

1997 年，韩国颁布了《新环境农业育成法》。同时，为加强农业环境保护的机能，最大限度地减少对农业环境破坏，发展持续农业，政府制定了“面向 21 世纪的农林环境政策”，进一步促进了新环境农业法规的施行。到 2010 年，韩国新环境农业育成法的三个阶段将全部实施；同时，农业将全部向新环境农业转换，新环境农产品的产量将以年平均 47%的速度增长，有机农产品的增长率达每年 30%。这一增长率是计算机、电子、化学及能源等任何产业无法相比的。

2005 年，农林部开始实施新鲜有机农产品和农作物的相关规定，关于有机加工产品的相关规定则由食品与药品管理局（KFDA）负责实施。国家农产品质量管理办公室（NAQS）作为农林部的附属机构，专门负责制定认证标准，实施审查认证，进行事后跟踪管理，以保证认证工作的国家权威性，提高国民对环保型农产品的信任度。生产有机农产品前，农民向国家农产品质量管理办公室递交生产计划；地方质量管理办公室分析农场土壤；地方质量管理办公室对农产品进行分析测试，检测有无农药残留，是否使用化肥；通过上面程序后，方可贴上有机农产品的标签。

韩国首次在韩京大学和朝鲜大学产学协力团创建了环境亲和型农产品民间鉴定机构，具备专门研究人员和检测设备的正规大学参与检测与鉴定，以提高环境亲和型农产品的形象和置信度。为对环保型农产品实行跟踪管理并方便消费者识别，韩国还准备实行农产品生产履历制度。该制度规定商店销售的农畜产品除了要标明产地、生产者及联络方法外，还须详细记载农药和化肥施用量、栽培、生长过程等，消费者通过卖场放置的电脑可现场查询。通过加大有机农业新技术的培训力度，培养有机农业示范户，发展生物技术与环境亲和型农业相融合的有机农业，提高农产品附加价值，增加农民收入，这是 21 世纪韩国农业发展的又一新特点和新亮点①。

四、泰国有机生产法规与管理

（一）泰国有机农业发展历史与现状

有机农业 20 世纪 70 年代引入泰国，20 世纪 80 年代初以后，当地农民和 NGO 聚集在一起，为推动可持续农业的发展，成立了替代农业网络组织（AAN)。到 20 世纪 90 年代初，这些 NGO 率先在泰国推动有机农业的发展，他们为当地采用可持续农业实践的农民提供支持，组织面向小规模农户的替代农产品市场项目，发起建立有机标准和认证体系；与此同时，泰国主流行业的一些公司看到了有机贸易带来的商业机会，通过将自己的农场转换为有机农场或者支持管理下的农民进行有机转换，发起了各类有机农业项目②。

在过去十几年，泰国有机农业生产呈现出快速增长趋势，伴随着有机农业

① 强百发．韩国有机农业的发展及对策．农业环境与发展，2008（6）：25-28

② FiBL，IFOAM. The World of Organic Agriculture-Statistics & Emerging Trends. 2014

播种面积从 2000 年的 10 524.01 莱（约合 0.17 万 hm^2）增加至 2012 年的 184 810.15 莱（约合 2 万 hm^2），泰国有机农业产值从 375.1 百万泰铢（100 泰铢约合 19.07 元人民币，2015）快速增长到 1 842.5 百万泰铢。相应的，获得泰国认证机构和国际认证机构认证的有机农产品数量以每年 10%～20%的速度增长。尽管如此，众多历史因素仍然影响农民采用有机农业这一耕作方式，导致有机农业与传统农业相比，规模仍相对较小。

目前，泰国有机农产品主要包括水稻、蔬菜和水果等初级产品，加工品数量相对较少，但是增长趋势明显。随着有机农产品生产规模的扩大，有机水产品和有机畜牧产品也逐步得到认证，并且呈现出逐步增长趋势。泰国部分有机农产品主要用于出口，如有机大米，其中主要是泰国香米，大部分用于出口欧洲市场，国内售卖部分比重很低（Green Net，2012）①。

（二）泰国有机农业支持政策

在第八届国家经济与社会发展计划会议（1997—2001 年）上，泰国政府宣布有机农业为国家农业政策的一大主题。随着发达国家对有机食品需求的增长，供应有机热带食品的市场应运而生。泰国政府抓住了这一有利市场机遇，借此支持有机农业的发展，并且着力推动有机农产品出口贸易。到 2003 年，泰国所有通过有机认证的农产品都实现出口。其中，最主要的农产品是大米，其次是玉米笋（Panyakul，2003）。

自 2005 年 10 月起，有机农业已成为泰国农业发展的主攻方向，泰国政府把重点推进有机耕作作为重要的举措之一，以保证国家食品安全和农产品对外贸易出口规模。具体措施主要包括：各级政府相关部门制定政策帮助和扩大有机农业的发展，大力开展和宣传有机农产品相关活动等。泰国政府专项拨款约 121.59 亿泰铢，许多省份纷纷开发新型有机项目，其中，以素林和武里南府为代表，这两个区域将近千个传统农场转变为有机水稻农场，再次证明了这些举措取得的巨大成功。

泰国政府作为有机农业发展的坚实后盾，还开展了其他多项活动以促进有

① 尹昌斌，尹婷婷，崔艺凡．泰国有机农业的发展与经验借鉴．世界农业，2015（7）：141-145

机农业发展，为期 5 年总预算超过 50 亿泰铢。2012 年 3 月 13 日，泰国内阁专门组建了国家有机农业委员会，负责泰国有机农业未来发展的政策和战略，包括 2014—2016 年的新国家规划方案。2013 年，泰国政府推出新的开发战略，旨在将泰国打造成集有机农产品生产、交易、消费为一体的重要有机农产品生产贸易中心。

泰国有机农业发展战略总体分为 4 点：①开阔视野，关注有机农业前沿知识与技术创新，为本国有机农业领域组建详尽数据资料库。②关注生产、供应链的发展，使泰国有机农产品生产与销售紧密联合起来，构建流线型“一条龙”产销网络。③加大营销力度和提高认证标准，这一举措不仅提高了泰国有机产品的地位和价格，更为重要的是，增强了泰国政府及国民对其有机产品的信心。④政府相关部门协调统一开展工作，组建中心协调单位，组织监管其他部门以及有机农业相关活动和项目（泰国农业部，2012）。

20 世纪 80 年代，泰国农民和当地非政府组织发起了农村变革运动。针对传统农业中弊端的负面影响，如生产中大量依靠农用物资，导致农民负债累累、生态环境急速恶化、过度使用危害农民和消费者健康的农药等问题，迫使人们开始寻求“绿色革命”新方法。新型替代农业网络由此建立，使得有机农业在内的可持续农业的生产实践得以进步和发展（GreenNet，2012）。自 2010 年起，泰国制定目标，每年扩大有机农产品播种面积 20%，得到了广大农民积极响应，到 2013 年年底，现有有机农产品加上正在转变的有机农产品播种面积共计 370 000 莱，特别是有机蔬菜播种面积扩展得最快。到 2015 年，泰国有机农产品产量预计可达 8 万 t，价值不低于 30 亿泰铢（FiBL-IFOAM，2011）。

（三）泰国有机生产标准与认证管理

泰国政府不仅开展了多样化项目以发展有机农业，近来为有机农业生产制定了专有国家标准和国家认证计划（Panyakul，2003）。泰国农业与合作部下属的国家农产品与食品标准办公室（ACFS）2002 年制定了国家有机标准，并在 2004 年启动对有机认证机构的认可工作，不过，只有 ACT 得到了 ACFS 的认可[①]。同时，国家机构和民间机构为社会各界提供有机产品标准和认证服务。2005 年 6 月，泰国政府提出国家有机农业发展议程，主题为减少农业化学品的使用，与其他 23 个相关公共机构联合制定并推出有机农产品新标准。截至 2015 年年初，种植业的管理条例已基本完备，畜牧业的标准仍在修订完善中。

泰国一半以上的有机农场都是国外认证机构认证的，这些机构主要来自欧盟国家。泰国本国有三个认证机构，分别是泰国有机农业认证 ACT（非营利基金会）、有机作物研究所（属于农业部）和北方有机标准组织（私人组织）。其中，ACT 是唯一一家提供国际认可的认证服务机构。

泰国有机农作物的快速发展，主要得益于规范的认证管理制度和明确的部门分工职责。2012 年，约有 12.5 万 hm^2 的农田得到了有机管理认证。泰国已建成目前亚洲最大的有机农产品认证机构——泰国有机农业认证机构（ACT）。泰国农业部（DOA）同样提供农作物认证，并推出有机农产品商标——“有机泰国”。现在，这个标志通过了国家有机标准认证，已被政府认证机构认可并广泛应用于多种有机农产品之中，如稻米管理部门为有机水稻提供认证，渔业部门的有机水产养殖场和产品认证中心为水产品提供有机证明，畜牧部门为畜牧产品提供有机证明（GreenNet，2012）。

五、尼泊尔有机生产法规与管理[②]

（一）尼泊尔有机农业发展历史

虽然有机农业发展为环境保护和尼泊尔人民可持续民生发展带来了越来越多的机会，但到 2013 年为止，全国仅有 0.2%的农业用地被认证为有机土地。尼泊尔的偏远地区仍以原始农业形式耕作，这些地区被认为十分适合进行有机种植，因为土壤尚未受到现代技术、合成肥料或杀虫剂的污染。

尼泊尔有机农业的历史可追溯到 1986 年。当时，尼泊尔可持续农业研究所（Institute for Sustainable Agriculture Nepal，INSAN）与农业服务项目

---

① FiBL，IFOAM. The World of Organic Agriculture-Statistics & Emerging Trends. 2014

② Kishor Atreya. In search of sustainable agriculture：A review of national policies relating to organic agriculture in Nepal. 2015. 12

(Agricultural Project Services) 以及温洛克国际农业开发中心 (Winrock International) 一并提出了永续农业这一倡议。

尼泊尔真正的有机农业发展始于 1987 年，其标志是美国研究学者茱蒂丝·凯斯 (Judith Chase) 女士在尼泊尔的巴德岗区设立的商业化农场。茱蒂丝·凯斯 (Judith Chase) 女士 20 世纪 80 年代来到尼泊尔，希望在此逃离城市生活的喧嚣。1987 年她迁至巴德岗区的刚察村 (Gamcha village)，并在此设立了一个小型的有机园，很快又构建了一个商业化的有机农场，同年设立了 AAA 非政府组织 (Appropriate Agricultural Alternatives) 以促进有机农业在尼泊尔的宣传、研究及营销。凯斯女士因此也成为尼泊尔有机农业的先驱。

此后，尼泊尔有机农业一直处于独立发展状态，尼泊尔永续农业组织 (NPG, Nepal Permaculture Group) 成立后，有机农业运动与永续农业开始融合发展，一直到第十个五年规划为止。有机农业之所以在 1992—2002 年期间经历了长达十年的"隐形"发展，是由于农业远景规划 (APP, Agricultural Perspective Plan) 和第九个五年规划 (Five-Year Plan) 中提倡大量使用化肥和杀虫剂，忽略了对环境的影响。2002 年之后，由于国际市场对有机产品的大量需求，尼泊尔有机农业重新焕发活力并上升到了政策文件的高度。之后，尼泊尔政府制定了多项农业政策来促进有机农业的发展，例如：《2004 年国家农业政策》《2006 年农业企业政策》，同时通过了《2007 年有机农业生产加工国家标准》，这三份文件为尼泊尔有机农业的发展构建了政府层面的制度架构。

2015 年 7 月 8 日，尼泊尔总统在关于 2015—2016 财年政府政策与计划的国会演讲中强调了有机农业的重要性。同时，尼泊尔制定了针对内部控制系统 (ICS) 和参与式保障体系 (PGS) 的工作指南。还出台了一系列政策，鼓励使用有机肥料，鼓励建立有机肥料厂，并为这些工厂所需的机械设备费用提供 50%的补贴。

(二) 尼泊尔有机生产法规与政策

在尼泊尔，"有机农业"这一术语是在国家第十个五年规划 (2002—2007) 中正式确立的。规划中，"有机种植"这一术语意为减少化学杀虫剂的使用。

这一规划鼓励私人企业使用有机肥料，平衡使用化学肥料与有机肥料，同时鼓励利用废物生产有机肥料。然而，这一规划强调通过加大投入来实现农业商业化与多样化，尽管规划中承认了有机种植的重要性，并列出了相应的政策与策略，但是这些政策旨在增加收入、减少化学杀虫剂使用，还未聚焦对环境与人体健康的关注。

第十一个三年规划（2008—2010）（对五年规划的继承，之后均改为三年规划）制定了有机农业方面的政策与项目，旨在打造“有机尼泊尔”，努力控制转基因有机物（genetically modified organisms，GMOs），促进尼泊尔 10 个地区的有机农业发展。

为促进有机农业发展，第十二个三年规划（2011—2013）提出要推动有机农业发展，并优先发展有机肥料厂。强调应划分出有机农业专区，加速产品认证和品牌培育，最终带动有机观光农业的发展。同时，为了进一步发展有机农业，规划试图通过国内与国际组织之间的合作，在地区层面传播有机农业技术。该规划将有机农业视作农业发展的战略。

第十三个三年规划（2014—2016）力图通过加快已在国际市场占领一席之地的农产品的认证和品牌培育，从而促进尼泊尔有机种植业的发展。规划对面向出口的有机农业做了探索。同时大力推进病虫害综合治理（integrated pest management，IPM）与有机肥料的使用，以最大限度地降低杀虫剂对人体健康的负面影响。

在尼泊尔，有机食品直接销售给顾客或在小型市场中出售，在此类小型市场中，顾客信赖农民的有机生产过程。然而当有机食品的市场扩展到世界范围时，就需要为有机产品制定标准、进行认证并授予标志。

2007 年颁布的《有机农业生产加工国家标准》（National Standards of Organic Agriculture Production and Processing 2007）是尼泊尔有机农业发展的基石，这一标准是在《2004 年国家农业政策》（National Agricultural Policy 2004）以及《2006 年农业企业政策》（Agribusiness Policy 2006）的推动下正式生效的。这两项国家政策通过支持有机认可，对产品进行有机认证，鼓励使用生物化肥和合格的投入物等，共同推动了有机农业的发展。最为重要的是，2006 年的农业企业政策虽然尚未得到实施，但却在当时划定了有机生产的特定领域。

除了制定生产标准，尼泊尔政府为促进有机农业生产还通过了一系列工作指南（或工作程序），例如：《有机与生物化肥监管程序》《国家有机农业认证机构登记注册程序》《有机农业生产团体认证内部控制体系指南》《参与式保障体系（Participatory Guarantee Systems，PGS）指南》《有机农业出口认证补贴工作指南》以及《有机认证内部控制体系实施补贴工作程序》等。

（三）尼泊尔《有机农业生产与加工国家标准》

尼泊尔《有机农业生产与加工国家标准》由高层次的国家机构制定并评估，是一套规范有机产品的生产和加工的规则、条例、指南和程序。当一个农场为自己的产品申请"生物动力""有机""生态"或"生物"等标识时，必须严格遵守该标准。根据标准，在生产、运输和加工过程中严禁产生化学污染，禁止使用转基因有机物或放射性装置。国家标准也限制使用合成肥料和受污染的粪肥，强调使用当地品种的有机种子源，禁止用化学手段处理作物种子。尼泊尔也成立了专门的组织机构开展有机认可与认证工作，如有机农业生产与加工体系国家协调委员会（National Coordination Committee for Organic Agriculture Production and Processing Systems，NCCOAPPS）和国家有机农业认可机构（National Organic Agriculture Accreditation Body，NOAAB）。这一国家标准的颁布是尼泊尔有机运动发展史上最重要的里程碑，有助于进行质量认证并保护消费者免受欺骗。

国家标准总体目标是在满足消费者对高质量有机产品需求的同时维持生态平衡。标准内容范围广泛，包括：土地管理，转换期规定，作物生产，土壤、水源与粪肥管理，病虫害与杂草管理，存储流程，牲畜养殖，渔业，养蜂业，加工、包装及存储，社会责任和企业福利等。此外，国家标准也促成了一些管理组织、机构和专业人员的成型，如有机农业生产与加工体系国家协调委员会（NCCOAPPS）和国家有机农业认可机构（NOAAB）以及许多其他机构，如获得许可的有机认证机构（AOCB）、获得许可的检验员、有机检验员等。AOCB有权颁发有机商标。文末附录中列出了有机农业生产和加工中的注意事项。

尽管尼泊尔有机生产和加工已经拥有了标准，但这套标准仍然存在局限之处，主要的问题是标准本身缺乏清晰度，属于定性而非定量以及一些现实性问题。很多情况下，标准十分模糊；而且标准主要用于定性，不能被量化或进行监测；且国家标准是依据国际市场制定的，因此很多当地农户在执行过程中遇到了很多现实困难。同时，也有文件材料显示，有机农业生产与加工体系国家协调委员会（NCCOAPPS）和国家有机农业认可机构（NOAAB）未能有效发挥职能，而原本旨在促进尼泊尔有机农业发展的AOCB也在现实中受到等级制度的阻碍。由于该机构成员来自各个国家高级部门，而有机生产者却是生活工作在最底层的人，在有机认证过程中双方的接触会遭遇困难，因此，AOCB在开展具体工作时一般都雇佣自由职业者。鉴于此，原有的国家标准需进一步改进，有机农业生产与加工体系国家协调委员会（NCCOAPPS）和国家有机农业认证机构（NOAAB）也需要相应地进行重组，这两个组织需要包括来自国际非政府组织、学术界、生产商、加工者和贸易商的代表。

在进行改进的过程中，应该借鉴国际有机农业运动联盟（International Federation of Oraganic Farm Movements，IFOAM）和其他主要相关组织的要求和规范。尼泊尔较为常见的国际惯例包括美国农业部的国家有机农业项目(National Organic Program，NOP)，EC，粮农组织/世卫组织食品法典委员会(FAO/WHO Codex Alimentarius commission，CAC)，日本农业标准（JAS），国际有机农业运动联盟（IFOAM)，印度国家有机标准以及澳大利亚农业部要求。

（四）尼泊尔有机认可与认证管理

《2007国家有机农业生产加工国家标准》章节4.2规定，国家有机农业认可机构（NOAAB）是一个国家协调机构，负责制定、监测及评估尼泊尔有机农业的发展情况。同时该章节对国内、国际有机认证机构进行了许可，允许其使用有机标识，国家有机农业认可机构有权纳入、拒绝、开除或取消有机认证机构。但这一国家标准对国家有机农业认可机构以及有机认证机构的登记注册过程却没有清晰的说明，农业发展部于2013年2月19日通过了关于这一程序的规定。

有机认证机构在认证过程中需遵守尼泊尔的国家标准，国家有机农业认可机构在国家日报上宣布认证机构可以注册后，获得许可的有机认证机构需在30天内提出申请。注册费用为：国内有机农业认证机构1 000尼泊尔卢比，续费500尼泊尔卢比/年；国际有机农业认证机构10 000尼泊尔卢比，续费5 000尼泊尔卢比/年。注册申请一经同意，这些有机认证机构可以对不同行业的有机产品进行认证，并需每年向NOAAB提交汇报，报告其工作细节及成果。若有机认证机构违反了认证规则或规定，NOAAB将取消其资格。

到目前为止，仅有两家认证机构向NOAAB提出了申请。尼泊尔认证机构——尼泊尔有机认证（Organic Certification Nepal，OCN）自2007年以来开始颁发第三方有机认证，该机构（OCN）附属于曼谷认证联盟（Certification Alliance Bangkok）。

通常观点认为，第三方认证更加可靠可信，在世界范围内也被广泛使用，但对于小农户来说，成本过高，因此，一批基于内部控制系统（internal control system）的小农场团体认证应运而生。然而对于发展中国家而言，内部控制系统的认证过程成本较高，灵活性较差，成为小农户认证的一大阻碍，因此，参与式保障体系（PGS）逐步形成并发展。尼泊尔政府分别于2012年9月14日和2013年2月19日批准了针对内部控制系统（ICS）和参与式保障体系的工作指南。表3-2为尼泊尔可持续农业相关政策汇总。

尼泊尔政府对于农业可持续发展尚未形成清晰的规划，有时政府制定的政策互相矛盾，例如，一方面政府鼓励有机农业发展，另一方面却补贴合成肥料；同时，也没有清晰地划分传统农业和有机农业的区域。此外，冗杂的认证程序，外国机构高昂的认证成本，参与式认证体系记录保存方面的问题，可持续产品市场的缺乏，政府在化肥和杀虫剂的使用方面缺乏长远的规划等，都是尼泊尔有机农业发展过程中面临的挑战。

表 3-2　尼泊尔可持续农业相关政策汇总

政策	对有机农业的关注	对有机农业的影响
1.1995 年农业远景规划	反对有机农业，但推崇病虫害综合治理（integrated pest management）	负面
2.2002 年国家肥料政策	反对有机农业，但推崇进行病虫害综合治理	负面
3.2003 年国家咖啡政策	推动有机咖啡生产，但侧重出口与增收，而非环境保护	积极影响，但以出口为导向
4.2004 年国家农业政策	鼓励有机农业，支持出口	积极影响，但以出口为导向
5.2006 年农业企业政策	划分有机农业生产区域	积极影响，但未得以落实
6.2006 年农业生物多样性政策	对转基因（GMO）做出规定，推动有机农业发展	有利于保护生物多样性
7.2009 年贸易政策	支持有机认证，推动有机茶叶、咖啡、蜂蜜和蔬菜的出口	积极影响，以出口为导向
8.2010 年尼泊尔贸易融合战略	7 类农产品被列为出口项，重点推出有机产品	积极，但以出口为导向
9.2011 年气候变化政策	将农业保险引入受气候变化影响的地区	对有机农业没有影响
10.2014 年农业发展战略	强调出口类有机产品的品牌建设，鼓励使用生物肥料，强调改善土壤中的有机质。但未禁止化学肥料、杀虫剂和激素的使用	积极，但以出口为导向。尚未为尼泊尔有机农业发展制定清晰规划
11.2007 年有机农业生产加工国家标准	为有机产品设立法规，建立国家层面的管理机构，重点推动农业商品的出口	积极，但不清晰，主要是定性型规定，不是所有规定都能执行
12.第九个五年规划	重点进行病虫害综合治理	对有机农业影响甚微
13.第十个五年规划	引入“有机种植”这一术语，进一步防止病虫害	确立了“有机种植”这一术语
14.第十一个三年规划	设想将尼泊尔发展为一个有机国家，酝酿新政策，但仍重在出口	积极，但以出口为导向。提出了“有机尼泊尔”的设想

续表 3-2

政策	对有机农业的关注	对有机农业的影响
15. 第十二个三年规划	重点发展有机肥料工厂，促进有机产品品牌建设与认证，划分有机生产区域	积极影响，但未得以实施
16. 第十三个三年规划	促进有机产品品牌建设与认证，重点发展出口	积极影响，但以出口为导向

六、印度有机生产法规与管理

（一）印度有机农业发展历史与现状

1994 年 1 月，旨在促进有机农业发展的“Sevagram（印度地名）宣言”颁布之后，印度各地涌现了一大波有机生产者。印度很多地区的有机体系已经兴盛了 20～25 年，但是直到 2001 年，这方面才开始出现系统的制度性工作。2001 年，印度政府启动了“国家有机产品项目（NPOP）”，自此，印度的有机行业开始迅速发展。

2003 年，仅有 73 000 hm^2 的耕地被认证为有机耕地。2007—2008 年，实行了有机管理的土地为 1 030 311 hm^2（仅占农业用地的 0.6%），其中，还有 595 413 hm^2 的土地正处于非农化状态。

2003 年，印度出口的有机产品总值仅有 7 300 万印度卢比（140 万欧元），到 2007 年，这一值达到了 3 亿卢比（530 万欧元），占据了世界有机市场的将近 0.2%。与此同时，印度国内的有机市场也在不断发展，根据有机农业国际竞争力中心（ICCOA）做的首份印度市场调研显示，印度在 2009 年之后的几年内将会有高达 150 多亿卢比（2 650 万欧元）的市场潜力（饶·基绍尔等）。并将致力于在 2012 年实现至少 400 亿卢比的市场值（国内外市场总和），即意味着将占据全球有机产品市场份额的 2.5%。

印度有机农业主要集中在 12 个邦。因拥有非常丰富的生物多样性和自然资源，印度有机农业产业的潜力巨大。根据最新报道，印度全国有机农业总产量为 124 万 t，得到认证的有机农业耕地的总面积为 72.3 万 hm^2，主要集中在

12 个邦，其中东北部的锡金邦和米佐拉姆邦的农业可能在未来几年内发展成为完全有机农业[①]。

（二）印度有机生产管理概况

2001 年，印度政府发起了“国家有机生产项目（NPOP）”，并出台了本国的“国家有机生产标准（NSOP）”，标准的内容类似于国际有机农业运动联盟标准（IFOAM）和其他机构标准。2001—2002 年，成立农业和食品加工产品出口发展局（APEDA）下属的国家认可机构。2002 年，创立了印度首个国内检测机构“Auf Indocert”，与 SECO 和 FiBL 共同合作。2006 年，印度的国家有机生产标准（NSOP）获得了与欧盟和瑞士标准同等的地位；印度的认证体系也取得了与美国国家有机计划（NOP）同等的地位。2008 年，印度 12 个有机认证机构得到认可，另外 3～4 个机构处于筹备阶段[②]。

2016 年，印度联邦和邦政府都采取了前所未有的措施来支持有机农业。联邦政府推出了“传统农业发展规划”，其中包含了各种对有机农业的支持措施，其预算投入为 4 000 万欧元。联邦政府将为东北部 8 个邦提供 23.4 万欧元的财政支持，用于建立公共有机认证机构并使其产品获得认证。

七、印度尼西亚有机生产法规与管理

（一）印度尼西亚有机农业发展历史与现状

印度尼西亚有机农业，尤其是爪哇岛地区，从 20 世纪 80 年代开始发展。有机农业在当时被视为绿色革命的替代。在发展有机农业的过程中，政府为农户提供支持并避免了农业对外部投入物的使用。1984 年，印度尼西亚第一个有机培训中心 Bina Sarana Bakti（BSB）成立；1992 年，印尼亚齐省 Gayo 有机咖啡首次得到 SKAL 认证；1998 年，首个国家规模的网络组织，印度尼西亚有机农业网（Jaker-PO）成立；1999 年，SAHANI 公司在 Jogjakarta 成立，这是首个开展有机产品地方直销的组织；2001 年，印度尼西亚农业部启动了“走向

---

① http：//www.scagri.gov.cn/ywdt/gjzx/201502/t20150216_330237.html

② FiBL，IFOAM. The World of Organic Agriculture-Statistics & Emerging Trends. 2009

2010有机”计划；2002年，BIOCert，首个国家级的认证机构成立（该机构2006年更名为印度尼西亚有机联盟），同年，印度尼西亚有机食品标准发布（SNI 01-6729—2002）；2003年，印度尼西亚有机生产者联盟（APOI）成立；2005年，印度尼西亚有机联盟（IOA）在参考IFOAM基本标准和法典委员会指南的前提下，发布了IOA有机农业标准。

2009年，印度尼西亚总的有机农业土地面积有5万多公顷（包括4 096 hm^2有机转换土地），还有94 hm^2的有机水产用地和3.2万hm^2的野生采集土地。除此之外，IOA成员还用有机方法管理了1 564 hm^2土地，只是没有进行有机认证。有机种植作物中，多年生作物最重要的是咖啡，耕种面积3.158万hm^2，其次是可可（2 386 hm^2），椰子936 hm^2，多年生药用和芳香植物面积为849 hm^2，茶为206 hm^2；可耕种作物中，药用和芳香植物面积为2 913 hm^2，谷物560 hm^2，蔬菜92.3 hm^2。这些产品主要用于国内消费①。

（二）印度尼西亚有机政策法规与认证管理

鉴于有机农业的发展趋势，印度尼西亚农业部成立了有机农业管理局OK-PO，开展有机农业推广和管理；2007年，农业部向一个有机农业计划拨付了400万美元的资助；2009年，农业部确定了化学肥料使用最小化的目标。2001年“走向有机2010”计划的目标是使印度尼西亚成为世界有机食品的主要生产国之一。尽管这一目标远没有实现，但OKPO积极支持国内有机食品行业的发展，并且颁布了一系列法令和规定来规范有机行业。

印度尼西亚国家认证机构主要认证国内市场产品，国内需求最高的是蔬菜和大米，有机产品主要在主流超市和有机专卖店销售。国外出口的产品则由国际认证机构认证，主要是有机咖啡。

国家标准化研究所（NSI）负责对认证机构的认可工作，并发布了“有机食品认证机构指南”。截至2011年，印度尼西亚共有7家国家有机认证机构获得了OKPO的认可，他们是BIOCert、LeSOS、PERSADA、Mutu Agung Le-

① FiBL，IFOAM. The World of Organic Agriculture-Statistics & Emerging Trends. 2011

stari（MAL）、Sucofindo、INOFICE 和 Sumbar。有机联盟在 2008 年创立了专门面向本国的参与式担保系统——PAMOR 印度尼西亚。PAMOR 是一个改善社会经济条件的担保系统，为小规模种植、生产和销售创造条件。

八、哈萨克斯坦有机生产法规与管理①

（一）哈萨克斯坦有机农业发展历史与现状

农业在哈萨克斯坦经济中占有十分重要的作用，作为该国发展战略的重要任务，哈萨克斯坦的农业发展有着巨大潜力。该国气候多样，有利于作物种植的多样化和畜牧业的发展。哈萨克斯坦农业总占地面积约 2.226 亿 hm^2，其中 2 400 万 hm^2 为可耕种土地（10.8%），500 万 hm^2 为草场（2.2%），1.89 亿 hm^2 为牧场（85%）。哈萨克斯坦有 10%的区域为森林草原和草原地带，60%为半沙漠与沙漠地带，5%为山地，所有的农业区域降雨量都较低，平均每年在 150～320 mm 范围内。

由于哈萨克斯坦为内陆国家，并不临海，因此给海外市场的拓展带来了不便，除了糖类、食用油、家禽肉、蔬菜以及淡季水果会销往国外，国内大部分食品自给自足。同时，哈萨克斯坦也是小麦和面粉的主要出口国之一，其棉花、皮革和羊毛在出口中也占较大比重。见表 3-3。

该国使用化学肥料或农药等现代经营方式的农业用地约为 16 万 hm^2，仅占农业用地总量很小的比例。同时，转基因作物在哈萨克斯坦禁止种植，这一系列条件综合在一起，为哈萨克斯坦有机农业的发展和转型提供了有利的条件。

哈萨克斯坦近几年来提出绿色经济的概念，其中包含有机农业的发展。2015 年 2 月，根据哈萨克斯坦有机农业运动报道有 25 家有机农场，共 296 000 hm^2 土地进行有机管理。

---

① FiBL，IFOAM. The World of Organic Agriculture-Statistics & Emerging Trends. 2011

表 3-3 哈萨克斯坦有机生产、有机区域、产品及出口

产品	种植面积（hm^2）	产量（t）	出口量（t）
软质小麦	35 706	49 847	33 035
硬质小麦	8 298	14 936	3 067
大米	2 862	10 017	500（货船）
稻糠	#	#	1 300
苜蓿	2 291	22 818	#
油菜	16 193	24 290	1 137
油菜籽粕	#	10 000	9 727
大麦	620	1 240	#
燕麦	10	13	#
酿酒葡萄	20	90	#
向日葵	3 672	5 508	#
亚麻	5 304	7 426	4 590
大豆	6 528	18 278	3 037
酒精	#	100	#

数据来源：哈萨克斯坦有机中心

（二）哈萨克斯坦有机生产管理体系

哈萨克斯坦环境法典（ST RK 1618—2007）规定了“生态产品”标识的基本要求。法典规定，生态产品必须是对环境、公共健康和生物资源有益的产品。然而，生态生产的概念与国际上有机生产的概念仍然存在区别。2015 年 12 月，哈萨克斯坦总统签署通过了一部有机农业法律，确定了有机食品生产的管理框架和机构安排①。

在哈萨克斯坦，当食品产品富含维生素和有益菌群时，会使用“生物”这一前缀来定义该种产品。而“有机”是一个品牌，与有机生产无关，因此对“有机”这一名词的使用也没有特定的规范。

① http：//www.fao.org/europe/news/detail-news/en/c/358318/

哈萨克斯坦政府意识到了有机农业发展的巨大潜力和市场，但国内有机农业发展尚未真正起步，没有针对有机产品的认证体系，也没有私营的认证公司，但是有三家经过授权的欧洲认证公司在当地检测认证出口至国外的产品。

尽管国内有关有机生产的立法和公众意识较为缺失，但发展国内食品市场仍有着有利条件。哈萨克斯坦有机中心研究表明，国内市场存在对有机产品的需求。接受调查的人群表示，愿意支付比普通食品价格高10%～30%的价格来购买有机食品，有20%的人群甚至表示愿意支付比现有价格高50%的价格。

2010年，哈萨克斯坦的一些超市出售了部分有机产品，由于国内有机生产欠发达，很多有机产品是进口的，主要进口来源是欧盟国家。进口产品主要为：果汁、婴儿食品、化妆品、茶等。2010年，一些超市开设了专门的货架供应有机产品，但截至2011年尚只有一家有机咖啡馆和一家专门的生态商店。

若哈萨克斯坦进一步完善有机生产和销售的法律框架，则有望在有机生产和消费领域实现较大的发展。

九、亚美尼亚有机生产法规与管理①

（一）亚美尼亚有机农业发展历史与现状

亚美尼亚有机生产主要种植水果、浆果、苜蓿、谷物、蔬菜、野生调味品以及养蜂，主要加工制品包括果汁、花蜜、浓缩液、果泥、速冻产品及面包。有机动物饲养有着广阔的市场潜力，因此成为亚美尼亚政府在制定政策时的主要考虑因素之一。

在亚美尼亚，加工企业对原材料的需求是有机农业发展的重要因素，目前在该国还没有针对有机种植的国家补贴。2009年实现有机认证的土地为1 100 hm^2，其中农业种植用地为600 hm^2，其余部分为野生采集或保护区域，蜂箱数量约有1 000个。

2009年，亚美尼亚总计有8个经认证的有机农场和6个认证有机加工进口企业，还有多个农场处于有机转型阶段。有机农场的面积大小不一，小到

① FiBL，IFOAM. The World of Organic Agriculture-Statistics & Emerging Trends. 2011

5 hm^2，大到 120 hm^2，有的属于私人农户，有的则属于农业协会成员。

2005 年，亚美尼亚有机农业基金会做了首份有机消费者调查报告，同年，亚美尼亚举办了首届国际有机农业大会，会议筹办方为“丰收亚美尼亚(Fruitful Armenia)”，该组织旨在促进亚美尼亚农业商业和经济发展。

亚美尼亚国内市场发展尚处于初级阶段，但是在国内超市也已开始出售有机产品，如面包、蜂蜜和果汁等。有机产品出口始于 2008 年，主要出口产品包括：水果、浆果产品、饮料等，主要出口市场为俄罗斯与欧盟。

（二）亚美尼亚有机生产管理体系

亚美尼亚有机农业主要管理机构是农业部、林业局、自然保护部、自然资源管理局以及国民经济部。农业部主要负责与有机农业相关的政策制定与实施。此外，亚美尼亚的一些非政府组织也大力支持并促进有机农业的发展。

有机农业是亚美尼亚可持续发展的重要组成部分，也是政府在制定农业政策过程中考虑的重点。在农业与食品生产领域，农民与相关投资者都将有机农业视为极佳的商机。2009 年正式实施了一部有机法，这项法律基于食品法典委员会（Codex Alimentarius）的有机指导方针以及欧盟有机法规确立。法律包含范围宽泛，因此需要进一步制定法规进行补充。有机农业行业的投资者同意可以根据国际有机农业的发展进程来修改国内法律，同时他们也要求尽快制定国家有机农业发展规划。政府并不直接为有机种植提供资金支持，这也是为什么有机农业的农场生产环节发展低于加工商需求预期的原因。

亚美尼亚有机农业的扩展能力正在不断发展，亚美尼亚国家农业大学与德国卡塞尔大学合作，为德国和亚美尼亚的师生及研究者提供科研学习基地。目前，合作的重心已经转向了有机农业。有机世界认证机构及其他一些非政府组织也为该国农业协会提供培训和咨询服务。

对亚美尼亚有机农业的国内外投资不断上升，外国投资主要来自于生活在美国、俄罗斯和欧洲的亚美尼亚人。2009 年，亚美尼亚政府出资 100 万美元支持亚美尼亚在多个地区进行有机浆果种植。

联合国食品与农业组织（FAO）通过对有机法律方面的援助来支持亚美尼亚有机农业的发展，同时，美国农业部、FAO 以及联合国发展计划（UNDP）

也支持了亚美尼亚国内的几项有机倡议活动。

有机世界（ECOGLOBE）是亚美尼亚本国的有机认证机构，为本国市场、出口向欧盟及其他市场的产品进行认证，合格者则颁发“绿色高加索”商标。ECOGLOBE与格鲁吉亚认证机构“高加索认证机构”通过区域标准的融合开展合作。根据欧盟第834/2007和889/2008号法规，ECOGLOBE及其“绿色高加索”商标得到了德国认证机构DAKKS123的正式认证。同时它也是美国有机项目下的有资质认证机构之一。目前，亚美尼亚是联合国环境规划发展署（UNEP）的成员，旨在通过发展有机农业提供绿色岗位、保护环境。

十、其他国家有机生产法规与管理

（一）不丹有机生产法规与管理概况

尽管不丹国土面积很小，有机产品数量也不大，但不丹却是全球唯一一个实行完全有机的国家。2014年3月，不丹政府与国际有机农业运动联合会（IFOAM）、美国千年研究所与印度“九种”[①]（Navdanya）共同举办了“山地生态系统中的有机生态农业IFOAM会议”，共有120多名与会者，这次会议上发表的延布宣言，强调了从“饲养”转型为“培育”。随后2014年10月在伊斯坦布尔举办的第18届世界有机农业大会上，不丹农业部长再次肯定了为实现有机这一目标而采取的实质性措施，并声称这一目标可能会比之前想的更容易实现。

国家有机计划原来只是一个项目，但随着其能力的增强，服务的区域也逐渐增多，现已升级为部门级别的机构。在不丹总数为383.94万hm^2的土地中，只有3%被开垦出来。2012年国际农业的统计数据表明，全部开垦的土地中，约有95%的饲料作物和98%的水果树木是有机栽培的，或是没有使用任何化肥、农药或者除草剂。

不丹的国家有机计划重点关注国家品牌及其提升，为实现这一目标，对于那些已经注册并遵守不丹国内标准的生产者，国家有机计划允许他们在所有当

① http：//www.navdanya.org/

地有机产品上使用“不丹有机”的国家有机标志。第三方认证对国内市场提供免费的志愿服务①。

不丹农林部2015年已经批准一个有关有机投入物生产和供应的计划，计划提出通过政府体系加快有机投入物销售，以保证全国的有机种植者购买到需要的有机投入物。2015年12月5日，不丹政府启动了国内有机担保体系，并着手与IFOAM-Organics International合作制定国家有机标准，同时发展自己的有机认证体系②。

（二）孟加拉国有机生产法规与管理概况

20世纪60年代，高产量的作物种子、化肥、农药才开始以商业规模出现在孟加拉国，而此前孟加拉国的农业基本上是有机操作。如今，随着民众健康、环保意识的提高，消费者购买能力的提升，以及保护土壤、水、空气资源等因素，有机农业在孟加拉国越来越被重视。

据FIBL记录的数据，2008年孟加拉国有2 500 hm^2土地进行有机农业和有机水产经营。2014年，根据AGM和Hortex基金会从事有机生产的各种组织进行的交流沟通情况可知，2013年孟加拉国有机生产（包括水产）土地面积约为1.62万hm^2。

目前，高价值、高质量的产品，如茶、小虾、大米、水果、蔬菜、蛋类、肉类、蜂蜜和草药等农产品在孟加拉国都在有机农业体系中进行商业化生产。非政府组织是孟加拉国有机农业的先锋，孟加拉国再生农业运动论坛（FORAM）列出的138个组织中，47个组织开展了有机农业，87个组织计划实施可持续农业，4个组织则为推进可持续农业发展做游说和倡议。目前，孟加拉国最领先的有机生产商是WAB贸易有限公司（WAB Trading Int'l (Asia) Ltd），主要进行有机小虾生产和出口。Kazi和Kazi茶园公司（Kazi Tea Estate Ltd.）生产有机茶、蔬菜和草药。孟加拉国有机产品出口现处于发展初期，有机茶、小虾和一些草药产品出口规模较小，如果能通过可靠的认证系统等使一

---

① FiBL，IFOAM. The World of Organic Agriculture-Statistics & Emerging Trends. 2015

② FiBL，IFOAM. The World of Organic Agriculture-Statistics & Emerging Trends. 2016

些农产品能符合进口国的要求，并进一步提高有机产品产量和质量，其出口潜力巨大。据统计，WAB Trading Int' l（Asia）公司 2013 年主要向德国、奥地利、瑞士等欧洲国家出口了 2 645 t 百分百有机小虾，该公司因有机产品生产和出口方面的出色表现获得了孟加拉国政府颁发的金质奖章，并在 2013 年获得德国政府颁发的特别奖。

在孟加拉国，与食品安全有关的法律有 1959 年的“纯正食品法令”，禁止生产或销售掺杂掺假产品；2005 年“纯正食品法案”规定掺杂掺假产品违法并有相应处罚；2009 年的“消费者权利保护法案”则讨论了危险产品；2013 年通过了“食品安全法案”，规定成立新的独立的机构——孟加拉国食品安全局（BFSA）负责食品安全事务，BFSA 可以调动不同部门资源，共同应对食品掺杂掺假行为。

截至 2014 年，孟加拉国没有建立国家有机政策、标准、认证体系，但已成立国家有机农业工作组（NWG）处理有机农业相关事宜。

在 2012 年的“国家农业政策”中，孟加拉国政府把推动环境友好型农业和有机产品生产放到了重要位置，并采取了不同措施保证安全食品供应。为刺激有机产品出口，孟加拉国政府鼓励私人出口企业发展，提出采用 FOB（离岸）方式出口水果、蔬菜、冻虾等产品。现在，孟加拉国政府非常支持有机农业技术的发展，例如堆肥、信息素技术、生物农药技术等。2016 年 11 月 7 日，孟加拉国内阁议会通过了“国家有机农业政策”，并进入了公告通知阶段，该政府的批准和实施是孟加拉国有机农业发展过程中的重要一步。

根据孟加拉国有机产品制造商协会（BOPMA）的说法，孟加拉国的农业部对有机农业并不感兴趣，他们认为有机农业会影响食品安全。然而消费者却十分热衷于有机产品。2013 年报道过的市场繁荣盛况至今仍劲头十足，但市场上的有机宣言真实性还有待考证。由孟加拉国有机产品制造商协会（BOPMA）建立的私人有机认证机构——有机孟加拉有限公司正在发展运营。尽管农业部对有机农业持否定态度，但是自从 2006 年起，孟加拉国有机产品制造商协会（BOPMA）就一直在游说农业部建立有机商标管理规范、出台国家有机农业政策，然而一直没有成功。据报道，旨在截至 2020 年之前培养企业家来创办 500

家有机化肥工厂、20家有机农药生产单元和50个有机产品销售渠道的项目正在按部就班地不断发展①。

（三）阿联酋有机生产法规与管理概况

阿联酋有机农业无论在耕种土地、生产者数量、市场规模还是法规制定等方面都发展迅速。2012年的统计数据显示，阿联酋有34个有机农场，经营的有机认证土地总面积为3 905 hm^2，有机种植作物超过62种，有1个国家级认证机构，1家获得认证的有机食品加工单位、3家有机畜牧场和1家有机肥料生产厂。有机种植和销售的产品有蔬菜（甜菜、西兰花、卷心菜、茄子、黄瓜、莴苣、洋葱、土豆、西红柿等）、草莓等，阿联酋还是有机椰枣的主要生产国，平均每年生产的有机椰枣约有1 000 t。

阿联酋有机产品市场近几年快速发展，出现了供不应求的局面，原因有以下几方面：阿联酋环境和水资源部（MOEW）通过多个计划和项目提升了国民对有机农业、健康问题、环境问题的重视以及购买能力；还启动了多个有机农户市场，帮助这些农户销售产品，并提升消费者对有机食品的认识水平。为满足市场需求，阿联酋从国外进口多种有机产品，如蔬菜、水果和其他加工产品。根据环境和水资源部2013年进行的一项调查，仅当地一家零售商店4个月就销售了300 t有机蔬菜。

阿联酋有机农业法规和标准主要参照国际上常用标准，以确保其有机产品满足国际有机农业标准，这些法规和标准在阿联酋也得到全面执行。环境和水资源部（MOEW）负责制定有机法规和标准，而阿联酋标准与测绘局（ESMA）则负责具体的监管和认证。阿联酋有机农业法规和标准主要包括：

（1）“阿联酋有机农业法”（2009年关于有机允许使用物质和产品的联邦5号法），该法规定了有机农业的基本原则，对有机农业进行了定义，确定了MOEW的职责，对有机允许使用物质、产品生产做了规定等。

（2）2012年公布的关于2009联邦5号法执行细则的“内阁84号决议”，确定了有机经营人员和农场进行有机转换时要遵循的原则。

---

① FiBL，IFOAM. The World of Organic Agriculture-Statistics & Emerging Trends. 2014

(3) 2012 年 2 月公布“阿联酋有机食品认证计划”和 ESMA 的 2012 年 6 号决定，根据该决定，ESMA 为国家认证机构，其认证计划覆盖多个产品品类，即新鲜或冷冻水果和蔬菜、新鲜或罐装果汁、罐装食品、肉类和鱼、蛋类、牛奶、奶制品和奶酪、蜂蜜等。

(4) 2012 年关于有机标识的“内阁 103 号决定”，该标识是有机允许使用物质和有机产品的特定标志，要按照 2009 年的 5 号法及其相关细则来执行。

为支持有机农业更好地发展，MOEW 实施了一个综合性培训计划，为有机农户和农业推广人员提供有机农业基本知识和技巧方面的培训，具体内容涉及有机法律法规、土壤肥力管理、虫害管理、营销、畜牧生产和其他。MOEW 支持的能力建设计划还涉及蔬菜包装盒标识方面的培训，公众意识提高，开放农户有机市场，帮助农户参加食品展等①。

(四) 阿塞拜疆有机生产法规与管理概况

阿塞拜疆是南高加索人口和土地面积均最大的国家。1998 年，该国成立了大麻农业企业联合会（GABA)，成为有机理念的传播者和有机运动的发起者，在国际组织和合作伙伴的支持下为农户和政府官员提供培训、研讨会、现场示范和其他活动。由于获取农药、肥料和兽药等农资比较困难或代价太高，发展有机农业成为阿塞拜疆农户的一个选择。有机农业的发展需要相关机构的发展，1996 年“阿塞拜疆有机农业运动联盟”基本成立，目前该组织联合了高校、研究机构、NGO、企业、大型农场、加工企业以及相关部门和政府管理机构等。

2010 年，阿塞拜疆有机经营的土地为 2.097 2 万 hm^2，占国家农业用地的 0.43%，其中 1.64 万 hm^2 是牧场，2 000 hm^2 为谷类，1 180 hm^2 是多年生草本植物，770 hm^2 是野生水果和药用植物，340 hm^2 是蔬菜。约有 400 个农户获得了有机认证。大型有机产品加工企业主要有 3 家，还有一部分家庭农场也加工有机产品，尤其是水果干、果酱、泡菜、果汁和蜜饯。

2004 年，阿塞拜疆农业研究院（现为阿塞拜疆国家农业大学）和 GABA

① FiBL，IFOAM. The World of Organic Agriculture-Statistics & Emerging Trends. 2014

的专家共同起草了“关于有机农业”的法案，该法案后来在国家和其地方媒体上公布，以期得到公众和议会以及相关政府部门的重视。直到2007年，国会下的农业委员会才给予足够重视。最终在2008年8月25日，总统批准了法案，阿塞拜疆“有机农业法”从此诞生[①]。

（五）伊朗有机生产法规与管理概况

伊朗有机农业起始于大学教授的课程，20世纪90年代菲尔多西大学Koocheki教授讲授的课程在这一时期发挥了重要作用。后来到2005年前后，菲尔多西大学和沙希德巴霍纳尔大学成立了农业生态学硕士点。2005年，伊朗农业生态学科学学会（ISSA）成立，主要目的就是开展有机农业研究和教育。2006年伊朗有机协会（IOA）成立，主要关注产品销售和贸易。这些组织推动了有机农业国家标准和立法工作。

伊朗有记录的有机认证产品最早是在1999年，当时是Kerman省一家玫瑰园的精油萃取向有机转换。2006年，Fars省一家公司开始向欧盟出口有机石榴、无花果、枣、草药，此后，伊朗有机市场开始快速发展。

2010年，伊朗有11个省发展有机农业，有机经营的土地为7 256 hm^2，一半以上分布在北方省份，其中1 265 hm^2处于转换期；有机农场为3 014家，只有5%（约144家）分布在北方，北方农场规模较大，平均30～40 hm^2，而南部省份农场规模平均只有1.2 hm^2。野生采集土地面积4.07万 hm^2，分布在Kerman、Fars和Khorasan几个省份，主要产品为开心果、草药和甘草。动物养殖主要分布在伊朗东北部的Khorasan省，有1.3万只鸡、3 000只羊、500头牛、140只火鸡和50只鹅。家禽通常在麦子农场养殖。

伊朗有机产品95%以上用于出口，主要面向德国、法国、英国和荷兰。约有35个公司开展出口业务，大多是从农户手中购买产品，也有一些农场企业直接出口其产品。

农业部有机委员会和伊朗标准与行业研究所主要负责有机立法工作。2008年，伊朗标准与行业研究所通过了“伊朗国家有机产品标准：ISIRI-11000”，

---

① FiBL，IFOAM. The World of Organic Agriculture-Statistics & Emerging Trends. 2012

ISSA 和 IOA 都参与了该标准的立法。一些组织如“伊朗藏红花协会”也尝试出台首个全国性的有机藏红花生产和加工标准。另外，伊朗第五个发展计划（2011—2015）的 143 条中，有机农业发展被单独列出。但截至 2012 年，伊朗还没有出台全面的有机农业政策和对农户进行有机转换的直接补贴政策。

伊朗比较活跃的认证机构主要是国际机构，如德国的 BCS Öko-Garantie、荷兰的 Control Union 和英国的土壤协会。Biosun 认证公司是国内的认证机构，已与瑞士的 bio. inspecta 达成了合作协议①。

（六）马来西亚有机生产法规与管理概况

马来西亚有机农业实践很早就出现，但商业化的有机农业出现相对较晚，发展规模也很小。商业化的有机农场出现之前，有机农业主要是关注食品质量、生态环境的 NGO 以及国际组织发起。较早的是马来西亚环境、技术和发展中心开展的一项实验，在一亩地上种植多种有机蔬菜和水果。实验的成功很大程度上推动了有机农业的发展。有机农户数量从 2010 年的 900 户增加到 2012 年的 1 500 户。

政府有机农业的支持政策开始于 1998 年②，当时制定了面向有机农户的有机农业指南。之后推出的“第三个国家农业政策（1998—2000）”确定有机农业是一个可开拓的市场发展机会，并确定要在 2010 年实现有机种植面积 20 000 hm^2、收入达到 3 亿美元的目标，尽管这一目标很难实现，政府还是在后来的几个国家规划以及国家农产品政策中强调对有机农业的支持。

马来西亚 2012 年开始实行有机标识规定，马来西亚有机农业标准（MS1529：2001）根据 IFOAM 基本标准、国际法典委员会有机生产指南以及印度国家有机生产计划（NPOP）制定。有机经营者需要得到政府有机认证计划的认证，即有机食品认证标识“Skim Organic Malaysia（SOM）”。该标识由马来西亚农业部（DoA）2003 年推出，主要针对有机农产品。经营者也可以得到农业部认可的等效认证③。

---

① FiBL，IFOAM. The World of Organic Agriculture-Statistics & Emerging Trends. 2012

② http：//ap. fftc. agnet. org/ap _ db. php？ id=579

③ FiBL，IFOAM. The World of Organic Agriculture-Statistics & Emerging Trends. 2013

2014年，MS1529：2001标准更新为MS1529：2015，并在2015年由马来西亚标准部发布。新的标准旨在保护消费者和生产者免遭市场上的欺骗行为，确保有机产品准备、生产、存储、运输和标识等环节都能严格按照标准，并通过与国际标准的等效拓展贸易。伴随着有机标准的更新，有机标识也在2015年由原来的SOM变为“my Organic”。

（七）菲律宾有机生产法规与管理概况

菲律宾2003年制定了国家有机标准，2013年根据IFOAM标准以及有机标准共同目标和要求进行的自我评价做了修订。2010年通过了“有机农业法案”，2012年制定了国家有机农业计划（NOAP），当年为计划投入9亿比索。2013年NOAP投入与2012年基本持平，资助主要倾向于农业部下属的区域性机构、地方政府和草根级别的NGO，资助活动包括有机技术示范、研究、推广、信息传播、参与保障系统的建立以及第三方认证等①。

（八）沙特阿拉伯有机生产法规与管理概况②

过去十几年里，食品安全问题越来越被重视，沙特阿拉伯也认识到了有机农业的发展潜力。2005年，农业部委托GIZ国际服务中心帮助沙特阿拉伯发展有机行业。在与各类利益相关方的密切合作下，已经建立了有机农业发展的基本机构框架和法律框架。2011年，政府根据欧洲有机规定制定并公布了首个“国家有机农业规定和标准”，并在之后起草了“沙特有机法”，对违背“国家有机规定和标准”中相关条款的行为的制裁和惩罚做了规定。2013年，沙特有机农业占地近20 000 hm^2，主要作物有枣、蔬菜（胡萝卜、黄瓜、番茄、生菜）和饲料作物。有机动物养殖比例相对较小，2012年只有3 100头动物按照有机标准饲养，主要是山羊和绵羊，另有735头小型牲畜处于转换期。沙特阿拉伯最重要的有机作物是蔬菜和水果，谷物很少，只有少量农民种植大麦、高粱和玉米。目前，有机农业已成为沙特农业部的工作重点，并努力将其推广到各个地区。

---

① FiBL，IFOAM. The World of Organic Agriculture-Statistics & Emerging Trends. 2013

② FiBL，IFOAM. The World of Organic Agriculture-Statistics & Emerging Trends. 2013

沙特有机农业协会（SOFA）和有机农业部（DOA）是推动该国有机农业发展的主要机构。有机农业部代表农业部全权管理有机农业发展的所有事务，并努力推动相关公共机构的建立和法规的制定，其核心任务是全面监管有机行业的发展。沙特有机农业协会主要是通过提供有机农业发展方方面面的信息（例如认证要求和程序、市场情况、合同签订、耕作方法创新、法律指南等）来为会员提供帮助。Oassim 地区的有机农业研发中心也是一个重要机构，主要为农户提供有机生产方法方面的培训，并提供专门的咨询服务。

第四章　美洲国家有机生产法规与管理

一、美国有机生产法规与管理

（一）美国有机农业发展历史及现状

20 世纪 20 年代，有机农业在欧洲兴起，随即传入美国。罗代尔 40 年代开始了有机农业实践，成为美国有机农业的先驱。60 年代，在美国曾有过一场关于有机农业的论战。有人指责有机农业是排斥现代科学技术，把人类返回到原始社会中去的无稽之谈；然而有机农业研究与实践者以丰硕的研究成果和高质量的农产品显示了有机农业强大的生命力。到 70 年代初出现第一次能源危机时，有机农业已经受到越来越多的重视，同时被更多的人所接受。20 世纪 80 年代，美国有机农业进入发展期，无论耕地面积、销售金额，还是产品种类、有机农场数目都大大增加。

美国农业部实施了国家有机产品计划（NOP）后，美国的有机农业快速发展，形成了一个超过 17 000 家有机企业、市场年零售产值达 350 亿美元的有机产品产业。“美国对欧洲有机贸易出口值年增长率约为 15%，对日出口增长率在 30%～50%。自从美国实施全国有机标准以来，其有机产品出口在大幅度增加。”① 2013 年数据显示，在美国全国范围内，有机商家数目最多的地区仍然是在西海岸、新英格兰以及中西部地区的北部。

据国际有机农业运动联盟（IFOAM）统计数据，2001 年，美国有机作物种植面积为 54.23 万 hm^2，有机牧场面积为 40.47 万 hm^2。2005 年，美国有机

① 美国：有机产品出口调研报告．中国有机农业网，2015-1-16，http：// www.cnoa360.com/news/27132141.html

种植面积达 160 万 hm^2，排在澳大利亚、阿根廷后面，位于世界第三。2012 年，北美有机农业用地为 300 多万 hm^2，美国为 220 万 hm^2。

目前，全美 50 个州均已涉猎有机农业生产，其中，加州有机农业面积占全美有机总面积的 14.4%，有机农产品商品总价值占全美的 38.4%，成为全美有机农业发展最为发达的州。2007 年，美国有机销售总额为 170 亿美元；2010 年的有机食品销售额达 267 亿美元，占食品销售总额的 4%；2011 年有机食品销售额增长了 5%，达到 315 亿美元。2012 年，美国有机市场规模达到 310 亿美元，增长了 10.3%①。目前，美国有 18 513 个经过 U-SDA 认证的有机商家，3 240 个处于转换期的农场。2013 年，美国有机产品（食品占绝大多数）销售额达 351 亿美元，同比增长 11.5%②。

（二）美国有机生产法规与管理体系

为规范管理有机农产品生产、加工、贸易和认证，许多国家的政府、政府间组织（如国际食品法典委员会，简称 CAC；国际标准化组织，简称 ISO）、非政府组织（如国际有机农业运动联盟，简称 IFOAM）等发布了相应的法规和标准。

在快速的有机产业发展实践催生下，美国政府日益重视有机农业有关法规、标准、认证和监管体系等方面建设，并不断修订、完善和补充相关法规和标准体系建设，合理的政策法规又助推了美国有机产业的快速稳步发展。

美国有机生产管理政策法规体系健全，强化过程监管，注重科技研发投入、关注投入品研究。美国的有机生产管理对有机产品的生产、加工、贸易、服务等环节进行规范和约束的文件规定和管理系统，包括政府管理机构及政策法规、有机认证机构及认证标准、生产者自身的管理等。美国政府主要采取市场导向型的政策，或者说是需求方面的政策来发展有机农业。具体就是通过国家标准和资质认证等方式促进有机农产品市场的健康快速发展，还实施一系列

① 美：有机食品年销售额将占全部食品 9%．中国有机农业网，2015-1-14，http：//www.cnoa360.com/news/27126619.html

② 美国 13 年有机食品销售额强劲增长．中国有机农业网，2014-6-18，http：//www.cnoa360.com/news/26452493.html

扶持性政策来促进有机农业和农产品发展，比如，为有机农业研究、教育以及市场化提供联邦或者国家保障基金等。

由于政策体系健全，管理措施得当，美国的有机农业管理体系较为科学合理，管理水平亦位居世界前列。

美国农业部（United States Department of Agriculture，USDA）是美国有机生产的管理部门。美国农业部全国有机食品署负责全国有机食品生产、处置和加工标准的制定，并对有机食品市场进行监管。全国有机食品标准委员则负责向农业部有机食品署提出标准建议。由农业部组织制定全国统一的有机食品生产和认证标准，美国农业部下属的农业市场服务司一方面负责制定有机食品的标准和授权有机食品认证机构，还与 Organic Trade Association 一起为有机食品生产企业提供市场信息服务，与国外政府签署有机食品互认协议等。

EPA 是美国环保署的英文简称，在有机投入品管理中的主要职责是制定农药制剂的惰性物质清单。NOP 和 NOSB 在评审和批准添加物质清单时，对于农药中非活性成分的判定，需要严格遵照 EPA 规格。

1993 年，美国农业部组建了国家有机标准委员会（National Organic Standard Board，简称 NOSB），由农业部与不同领域的专家代表组成，帮助农业部制定关于有机生产允许使用物质的标准及美国国家有机农业标准。包括 4 名生产者、3 名消费者或志愿者、2 名操作者或加工者、1 个零售商和 1 位科学家（毒理学、生态学或者生物化学），还有 1 个 USDA 委托的认证机构①。

国家有机标准委员会授权国家有机计划项目（NOP）负责具体的管理工作。国家有机计划项目（NOP）和国家有机标准（NOS）由 1990 年的有机食品生产法（The Organic Foods Production Act of 1990）授权。美国政府通过 NOP，成立了 NOSB，制定和实施国家有机标准（NOS）。美国国家有机项目办公室下设 3 个部门，包括认可、审计和培训部，标准修订和评审部以及法规执行部。

OMRI 是国家非营利性机构，该机构确定哪些允许使用物质能用于有机品

① http：//www.ams.usda.gov/AMSv1.0/nosb

生产和加工中，OMRI咨询委员会成员来自于独立的、专业的专家，包括农场主、投入品供应商、加工者和消费者组织、动物福利和环境团体等。OMRI收到申请材料和经费后，会依据OMRI政策和标准制定出摘要和推荐信，OMRI审查小组讨论摘要和推荐信，然后投票。如果符合要求，就会给予“允许”，并加入OMRI名单，列入OMRI名单中的产品可以在产品标签和广告中加施相应的标志，OMRI会将更新的名单发布到网上或发送给订阅者。OMRI公布的清单分三类：种植类、养殖类和加工类。每类清单按照产品字母顺序进行排列，同时公布联系方式清单。

（三）美国有机生产政策

1. 美国有机生产规范性政策

为规范管理有机农产品生产、加工、贸易和认证，许多国家的政府、政府间组织（如国际食品法典委员会CAC、国际标准化组织ISO）、非政府组织（如国际有机农业运动联盟IFOAM）等发布了相应的法规和标准。

在有机生产快速发展的实践催生下，美国政府日益重视加强有机农业有关法规、标准、认证和监管体系等方面建设，并不断修订、完善和补充相关法规和标准体系建设，合理的政策法规又助推了美国有机产业的快速稳步发展。

美国的有机生产管理对有机产品的生产、加工、贸易、服务等环节进行规范和约束的文件规定和管理系统，包括政府管理机构及政策法规、有机认证机构及认证标准、生产者自身的管理等。美国政府主要采取市场导向型的政策，或者说是需求方面的政策来发展有机农业，具体就是通过国家标准和资质认证等方式促进有机农产品市场的健康快速发展，还实施一系列扶持性政策来促进有机农业和农产品发展，比如，为有机农业研究、教育以及市场化提供联邦或者国家保障基金等。

20世纪80年代，美国部分州开始制定有机生产认证规范，但由于各州的认证及生产标准存在着诸多差异，导致了市场混乱、出口成本较高等问题的出现。1973年，“加利福尼亚认证有机种植者协会”（CCOF）制定了统一的有机生产标准。同年，CCOF建立了有机认证制度，以确保美国有机农业生产符合确定的标准。1979年，“加州有机食品法”成为美国有关有机产品标准的第一部法律。随后美国30多个州也相继通过了有机食品生产的相关法律。

在各界呼吁下，美国国会于1990年通过有机食品生产法案（Organic Food Production Act，简称OFPA法案），规定美国农业部（USDA）根据OFPA法案授权，制定OFPA法案执行规则——国家有机计划（National Organic Program，简称NOP标准）。OFPA法案规定USDA必须成立国家有机标准委员会（National Organic Standard Board，NOSB），成员包括生产者、零售业者、研究人员、公益团体人员等，负责研拟及审查NOP标准的具体内容，并向USDA提出建议；USDA则应以有机标准委员会提出的建议为基础，制定NOP标准。1997年12月16日，USDA首次公布国家有机计划的草案，并于1998年4月底前接受公众建议，期间共收到约27万封建议信函，建议者来自生产、验证机构、消费者等各领域人员。根据建议，USDA应在草案中增订禁止使用放射线处理与废污泥等规定。1998年秋季至12月底，USDA再次针对家畜饲养，家畜饲养的抗生素、杀虫剂使用，验证机构取消生产者验证资格的权限等议题，接受公众建议，共收到约9 000封建议信函。历经两次公众建议与增修订，USDA于2000年3月13日对外公布了完整的NOP标准草案内容，并于7月底前再受理最后一次公众建议。同年12月，USDA公告完整的NOP标准，并规定标准有18个月的缓冲期，于2002年10月21日开始全面实施。

NOP标准融合了OFPA内容并依据OFPA规定制定了执行细则，成为USDA及各界人员从事有机生产所应依循的规范[①]。标准规范了生产和处理农作物、牲畜以及农产品加工过程中的使用方法、实践操作以及允许使用的物质。其目的在于“给予消费者对作为有机食品出售的合法性的信任，允许针对违反这一标准的行为予以法律手段打击，增加有机食品的供应量和种类，以及促进有机食品的国际贸易。”

该标准规定2002年10月21日之后生产和加工的食品必须得到美国农业部认可的州认证机构或私营认证机构的认可，才能以有机食品的名义在美国市场销售，并可使用统一的有机食品标志（种植方法达到有机标准但年销售额低于

① 刘凯翔．有机农业法规及政策之研究．国立台湾大学农艺学系，2007年7月，http://seed.agron.ntu.edu.tw/organic/org-liu-3.htm#

5000美元的农场或加工者除外，属于豁免认证）。

美国USDA农业市场服务局于2012年11月8日发布公告称，NOP已发布一项最终法规，要求经过认可的有机产品认证机构必须对标注为“100%有机”“有机”“采用有机配料制成”的农产品进行定期残留检测。2013年1月1日开始，有机认证机构每年必须测试至少5%的样本。除非其认证的经营商少于30个，那么只要求对其中一家经营商的产品进行检测。这项检测为每年执行一次。值得注意的是，执行这项检测的实验室必须根据有机认证规范严格执行。其他可开展的检测项目，如砷和其他金属污染物、转基因生物、抗生素和激素等，可算作对所要求检测的一部分。若想申请有机认证，一块地必须无禁用物质3年。禁用物质包括大部分合成化肥和农药，还有污水、淤泥及基因工程项目。有机种植户、认证者、加工者和零售商都需要遵守国家有机标准，如果未按标准销售或标识产品，将面临10000美元的罚金。

2013年9月13日，美国AMS（Agricultural Marketing Service）发布了联邦公告向公众征求意见，这一通知描述了NOSB和AMS满足OFPA为“日落”条款而采用的流程。这一备忘录代替了2010年3月4日的NOP向NOSB提交的关于“日落”条款流程的备忘录。

美国政府通过制定一系列国家标准和特定产品标签加强对有机农产品的监管，这些举措增强了消费者对该类产品有机身份的辨别力，从而降低了商务成本，也大大促进了有机农产品的市场需求以及有机农业的健康发展。

2. 美国有机生产支持性政策

美国政府坚持市场导向的有机农业发展政策，也重视对有机农业的补贴。20世纪90年代，美国农业部相关机构已开始扩大对有机农业的支持项目，通过有机认证成本分摊项目、环保激励项目、有机作物保险项目等进行多层次扶持和补贴。美国支持有机农业的项目有“国家有机认证成本分担项目”（National Organic Certification Cost-share Program）、“有机生产和有机销售数据行动”（Organic Production and Market Data Initiatives）、“有机农业研究和扩展行动”（Organic Agriculture Research and Extension Initiative）、“环境质量鼓励项目”（Environmental Quality Incentives Program）、“有机农业研究和扩展行动”（Organic Agriculture Research and Extension Initiative）、“有机种植保险规定”（Organic Crop Insurance Provision）、“免除经过认证的有机产品的商品推广费”（Exemption of Certified Organic Products From Promotion Order Assessments）等[①]。

以“国家有机认证成本分担项目”为例，2001年，美国农业部在作物保险参保率低的15个州设立有机认证成本分摊项目，项目资金由CCC（Commodity Credit Cooperation）提供。2002年，为减轻认证负担鼓励有机农业生产，美国开始在全国范围内实施有机认证成本分摊政策，由USDA农业市场局负责管理。该政策向有机生产者和加工者提供补贴，返还部分有机认证费用，以减轻有机认证成本负担。农业部把有机成本分摊政策的经费下拨到各州的农业部门，已获得有机认证的生产者和加工者直接向州农业部门提交申请，州农业部门审查申请材料并向合格者发放补贴。

2002年，美国农业安全和农村投资法案中，首次出现了几个直接资助有机生产者研究和技术协助规定，主要包括：“认证成本共享支持、研究和技术协助、保护措施、市场营销评估的豁免、出口促进、农作物保险以及其他激励措施等。”美国联邦政府2002年提供500万美元的补贴，为每一位有机农业生产者提供高达75%的认证补助费。在2008年美国国会新的农业安全和农村投资法案中，政府支持类基金和项目快速增加。2002—2007年，国家有机认证成本分担项目的总经费是500万美元，有机认证的最高补贴比例为认证成本的75%，每项有机认证最高补贴额度为500美元。2008年，美国农业法案提高了补贴标准，国家有机认证成本分担项目的总经费提高到了2 200万美元，每项有机认证最高补贴提高到750美元，并制定了与转换期配套的贸易、技术、信贷、保险和研究政策。从2002—2008年，美国政府对有机农业的支持项目经费从2 000万美元增加到1.05亿美元，增长了5倍；这一期间，美国政府花在国家认证成本共享项目上的经费从500万美元增加到2 200万美元；国家在有机农业研究上的经费从1 500万美元增加到7 800万美元。2008年，农业法案

① 钱静斐，李宁辉．美国有机农业补贴政策：发展、影响及启示．农业经济问题，2014，35（7）：103-109

确定在全国范围通过环境质量激励项目（Environmental Quality Incentives Program，EQIP）对转换期的农户提供每年 2 万美元或 6 年 8 万美元的补贴。美国政府政策支持的直接效应是减少了有机农业进入者成本，促进了有机农业的快速发展。

2015 年，通过国家有机认证补贴项目和针对 15 个州的农业管理协助有机认证项目，美国农业部通过各州农业部门向有机生产商和经营商发放了近 1 190 万美元的有机认证津贴。为了提高有机农业的联邦作物投保数量，美国农业部扩大了可溢价收购的有机农作物的数量，进一步加强了有机安全网。另外，美国农业部还建立了完整的有机产品数据库，该数据库能定期提供准确的认证操作信息，是一个现代化的认证操作数据库，2015 年年底，NOP 项目组发布了第一版的数据库，取代了之前每年发布的认证名单①。

（四）美国有机生产认证管理

1. 有机生产认证机构

美国 NOP 中明确规定了有机产品认证机构的认可要求，包括认证机构的能力、公正性、记录和保密等要求。

美国农业市场局授权私立的、州立的或国外代理机构开展有机认证。2002 年 4 月，仅有 42 家有机认证代理机构。美国有机认证机构大致分为两类，一种是非营利机构或者私人机构，一种是官方认证机构，都需要得到美国农业部审批。

非营利机构或者私人机构，主要包括著名的 CCOF 和 OCIA。加利福尼亚州有机农场认证（CCOF）是专门针对有机物生产的监督机构，从食物到农业等多方面，覆盖了超过 1 300 多种有机作物和产品。认证工作包括视察农场耕地与加工设施、详细的记录保存，以及定期检测土壤和水。美国国际有机作物改良协会（OCIA）于 1987 年在美国宾夕法尼亚州成立，是为广大会员提供有机农业和有机食品方面的研究、教育和认证服务的非营利性机构。

官方认证机构主要是指经美国农业部认可并获得授权，开展有机认证的各地方州（县）一级的政府农业主管部门。美国联邦农业部于 1993 年组建了国

---

① FiBL，IFOAM. TheWorld of Organic Agriculture Statistics and Emerging Trends. 2016

家有机标准委员会，该委员会由有机农产品生产、消费、贸易、管理、研究及认证等领域的不同代表组成。另外，还有国家有机项目（NOP）办公室全面负责美国有机农业方面的工作。随着居民对于有机农产品的认识程度逐渐加深，美国正加大官方认证机构的数量。

大部分美国的有机认证机构都是非营利的认证办事处，比如 NOFA-NY，这些机构都是起源于有机农耕协会。加利福尼亚认证有机农民 CCOF、俄勒冈耕种 OTCO 和缅因州有机农民园丁认证 MOFGA 是最大的有机认证机构之一。同时也有一些营利的认证机构，如质量保障国际（QAI）是最大的，同时也是最快速的，他们对很多大型的有机农业企业进行了认证。

2. 美国有机认证范围和认证程序

美国的有机认证范围十分广泛，认证范围是任何农作物、家畜和家畜产品以及其他农业产品，比如野生采集作物和蜂产品的生产及加工，不仅包括各种作物和家禽类，还包括有机农产品的深加工、零售商、餐馆、代工生产以及生产资料的认证。美国官方认证机构主要从事前几项的认证工作，生产资料由民间第三方组织进行认证。认证费用按照认证的有机产品总价值的 0.5%～1.5% 收取，第三方认证机构收取的认证费用通常比官方高 30%。

美国有机食品认证是“过程认证”，而不是“产品认证”，即对农田、农民的耕作、食品的处置、加工、仓储、运输食品供给链的过程进行检查，看是否符合有机食品生产标准，而不是检验食品里含不含被禁止的成分。美国农业部编写了很多有机生产指南，如 2012 年颁布了《有机农作物生产指南》《有机牲畜生产指南》和《有机食品加工指南》，用以指导有机生产实践。

美国有机认证程序主要是以生产过程为审查对象，要求必须严格按照标准进行生产，所使用的材料和方法必须有详细的记录，以便可以追溯产品的各个生产环节，每个产品必须有相应文字记录追溯其产地。各地区的审查标准基本一致，仅在细节方面有所区别，审查程序包括翔实的文字记录、详细的申请资料、确切的调查取证、系统的证书认证、证书的授权和费用的缴纳等方面。

在美国，初次进行有机认证的步骤大致如下：生产者或加工者向认证代理机构提交申请材料，并交纳认证费用；认证代理机构审查申请材料，并委托检测员进行现场核查；检测员对申请者有机生产进行现场核查，并向认证代理机构提交核查报告；认证代理机构审查申请与核查报告，判定申请者是否遵循USDA有机规定；认证代理机构向合格的申请者颁发有机认证；获得有机认证的生产者或加工者还需要接受年度审查。

美国对有机食品标识有着严格的规定，并根据产品所含有机原料百分比分出四个级别。使用100%有机原料生产的产品，可标识“100%有机”，使用95%以上有机原料生产的产品，可标识为“有机”，主要用于蔬菜及水果；使用70%～90%有机原料生产的产品，可标识为“使用有机原料生产”；使用70%以下有机原料生产的产品，仅可在产品说明中列出所使用的有机原料，但不可以以“有机”之名标识及销售。前两个级别可以使用美国农业部“USDA Organic”有机专用标识，后两种不能使用美国农业部有机专用标识。NOP出版电子版的Handbook，Handbook包括指导文件、政策纪要，Handbook试图用政策分类来帮助那些拥有、管理或证明按照NOP标准进行有机操作的生产者或经营者。

二、加拿大有机生产法规与管理

（一）加拿大有机农业发展历史

20世纪50年代，起源于欧洲和美国的有机农业运动传入了加拿大。加拿大有机土壤协会（Canadian Organic Soil Association）是最早开始有机农业探索的机构，该机构的成立标志着加拿大有机农业运动的开端。20世纪50—60年代期间，在加拿大有机土壤协会的大力宣传下，加拿大出现了很多有机农场，也涌现了一批有机农业的宣传作品。70年代期间，加拿大有机农业运动发展更为迅速，已经有6个省建立了有机农业机构。这些机构向公众们宣传有机农业理念，并向政府部门游说有机农业政策。1974年，蒙大拿大学（Macdonald University）开展了一个生态农业项目，并从此成为加拿大生态农业交流的中心。进入80年代，加拿大有机农业得到进一步发展，除了纽芬兰岛，各省共建立了25个认证机构，大学开设了有机农业的课程，同时加拿大政府也开始资助有机和其他可持续农业系统方面的研究项目。1990年加拿大科学委员会开始了一项可持续农业方面的研究，而加拿大联邦政府农业部则发表了一项政策性文件，表明“可持续性”成为农业政策的四大支柱之一①。

（二）加拿大有机农业发展现状

进入 21 世纪以来，加拿大的有机农业发展方兴未艾，越来越多的加拿大农场主致力于有机食品的生产，加拿大注册的有机农场面积增长迅速。2004 年加拿大有机农场数达 3 670 家，有机生产的耕地面积为 48.875 2 万 hm^2，占加拿大总耕地面积的近 0.7%，有机食品加工企业达到 742 家。2007 年经认证的有机农场达到 3782 家，有机生产的耕地面积达 55.627 3 万 hm^2，有记录的有机食品加工企业达到 1012 家。期间，加拿大有机农业用地基本处于稳定增长阶段（图 4-1）。到 2014 年，加拿大有 90.394 8 万 hm^2 土地用于有机生产，从事有机种植的用户有 3 780 家，比 2013 年增加了 7%，有机加工企业达到 1 582 家，比 2013 年增加了 135 家②。

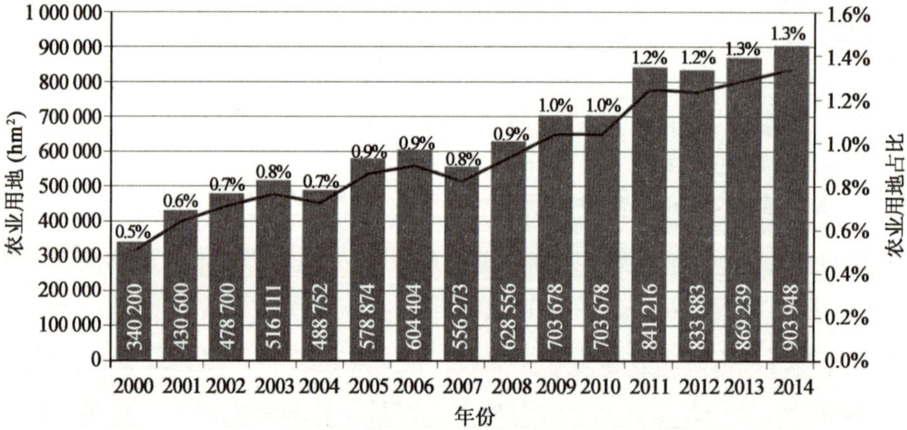

图 4-1　2000—2014 年加拿大有机农业用地及占比

加拿大有机食品行业总体规模不大，但过去十几年里该行业零售额以每年两位数的增长，其他行业几乎不能与之比拟。2006 年加拿大有机产品零售额共

① Stuart B Hill, Rod J MacRae. Organic Farming in Canada. http：//eap. mcgill. ca/publications/eap104a. htm

② FiBL, IFOAM. The World of Organic Agriculture-Statistics & Emerging Trends. 2009, 2016

计10亿加元，占所有食品零售总额的1%，其中不列颠哥伦比亚省居民的有机产品消费额就占加拿大全国总数的26%。与2005年相比，加拿大有机产品的总销售额增长了28%，其中预包装食品的增长率达到了31%。随着消费者需求越来越强劲，2015年加拿大有机销售额达到了约40亿加元，继续实现两位数增长，其中安大略省是最大市场，占全国总销售额的30%。

加拿大有机产品形式多样，其中有机谷类产量最大，出口量也最多。加拿大有机产品的主要出口市场包括美国、欧盟和日本。根据尼尔森公司对加拿大市场中2 676种有机产品的统计，有47%是在加拿大国内生产、包装或加工的，而51%是进口的（另外2%不清楚），其中牛奶和面包全部是加拿大国产货。现在加拿大的有机行业正致力于巩固已有市场，开发新市场，提高有机产品的多样性。

（三）加拿大有机农业政策与法规

近些年来，加拿大的主要农产品贸易伙伴欧盟、美国、日本等国大力发展有机农业，制定了有机农业和有机产品的国家级强制执行标准，并就有机农产品相互市场准入条款进行谈判。在此压力下，加拿大政府开始重视和加强有机农业发展。2001年6月，加拿大农业部召开会议，讨论农业政策框架，并把实现农业可持续发展作为制定农业政策框架的最终目标。加拿大农业部宣布出资140万加元（1美元约合1.17加元）用于帮助有机种植者把握市场机遇，帮助农民从常规农业向有机农业转变，资助国际有机农业运动联合会会议及在诺瓦斯科舍省建立有机农业学院，另外，还有其他项目用于有机农业的鉴定、宣传、培训、区域项目、制定标准及研究等领域。2002年6月，加拿大政府宣布为农业政策框架追加投资52亿加元，这一举措被誉为世界一流。

加拿大有机行业从20世纪90年代中期就制定了国家有机标准，但这些标准一直是自愿性的，不同认证机构和各省采用的标准也不一样。从2002年开始，加拿大食品检验署（CFIA）开始着手将自愿性的“加拿大全国有机标准”上升为国家级的强制执行标准。加拿大有机标准（COS）由加拿大通用标准理事会（CGSB）制定，该标准分为两部分，一个是有机生产体系基本原则与要求（CAN/CGSB-32.310—2006），另一个是有机生产体系允许使用物质列表

(CAN/CGSB-32.311—2006)，有机生产体系允许使用物质清单的修订程序、标准和条件在CAN/CGSB—32.310中都做了规定。2015年，加拿大政府、加拿大通用标准理事会联合发布了新的国家标准CAN/CGSB-32.310—2015，取代了CAN/CGSB-32.310—2006，以确保标准与科技发展保持同步。

在加拿大食品检验署的推动下，加拿大形成并颁布了有机产品条例，并于2009年6月30日开始实施。加拿大有机产品条例（OPR）由加拿大联邦政府特设的有机条例委员会负责制定，并于2006年12月对外公布，原定于2008年12月生效，但为征询更多的行业及贸易合作伙伴的意见以保证条例公平有效，条例生效期推迟到了2009年6月30日①。条例确定了加拿大有机标准的法律地位，规定从实施日起，无论加拿大国内或国外的有机农场和加工厂，如果要向加拿大市场销售有机产品，其产品的生产和加工过程都必须遵照加拿大有机标准的要求。从而加强了政府对有机产业的监督，确保了加拿大有机市场的稳定性，并将最终有利于有机产业的发展。

（四）加拿大有机食品监管体系

加拿大食品检验署成立于1997年，是加拿大食品安全最主要的管理机构，是一个相对独立的联邦机构，但署长须向农业和农业食品部报告工作。加拿大食品检验署的主要职责是强制执行相关政策和标准，负责管理联邦一级注册、产品跨省或在国际市场销售的食品企业，并对有关法规和标准执行情况进行监督。根据加拿大有机产品条例的规定，只有获得加拿大官方认可机构——加拿大食品检验署认可资格的认证机构才可根据加拿大有机产品条例和加拿大有机标准的要求从事加拿大有机产品认证活动，其认证的产品才可以进入加拿大市场。这些认证机构获得认可资格的途径有两种：一是直接通过加拿大食品检验署认可；二是通过其所在国主管部门与加拿大食品检验署签署的有机产品贸易协议而自动获得许可资格。

2010年，加拿大国内约有25个有机农业认证机构，其中国际性的机构有：有机作物改良协会（OCIA）、国际质量保证协会（QAI）、英国土壤协会等。

---

① http：//www.cog.ca/index.php? page=organic-regulations

另外，各省有自己的区域性认证机构。随着加拿大有机产品条例在 2009 年 6 月 30 日的正式发布实施，已有约 100 家国内外认证机构获得了加拿大食品检验署许可，其中加拿大国内认证机构有 20 家，美国认证机构更多达 54 家，中国国内认证机构有一家（OFDC）。获得加拿大食品检验署认可的认证机构应委派有资质的检查员对有机农场和加工厂进行检查，在确认有机农场和加工厂的生产过程符合加拿大有机标准的要求时，才能许可其产品使用加拿大有机食品标志并向加拿大市场销售，也是向消费者表明该产品是严格遵守加拿大有机标准的要求的[①]。

三、墨西哥有机生产法规与管理

（一）墨西哥有机农业发展概况

根据墨西哥农业部统计，近 10 年来，墨西哥有机农业得到较大发展，种植面积由 2.1 万 hm^2 增加到 51.2 万 hm^2，有机农业年产量 75 万 t。墨西哥已经成为世界七大有机农产品生产国之一。

目前墨西哥生产的有机农产品主要包括：咖啡、玉米、芝麻、西红柿、辣椒、南瓜、黄瓜、大蒜、洋葱、茄子、甜瓜、杧果、橙子、苹果、木瓜、菠萝、柠檬、椰子、桃子和油梨等，还有少量蜂蜜、奶、奶油、奶酪等。有机农业种植主要集中在 7 个州（恰帕斯、瓦哈卡、克雷塔罗、塔瓦斯科、锡那罗、米却肯和哈利斯科）。

墨西哥有机农业得到较快发展主要得益于以下几方面因素：国际市场需求使有机农业产品价格较高，农业种植者收入较好，种植方法简易，农户易于掌握。有机农产品认证约 6 万比索，产量低于常规农业，但价格比普遍农产品高出 40%～50%。

目前墨西哥农业部已经批准了 3 家有机农产品认证企业，预计年内将有更多认证企业获得批准，总额将达到 20 家。

---

① 解卫华，汪云岗，俞开锦．加拿大有机农业的发展及启示．中国农业资源与区划，2010（3）：81-85

为进一步促进有机农业发展，墨农业部今年将有机农业推广预算增加到2亿比索，支持有机农业种植，并扩大市场推广。

目前墨西哥85%的有机农业用于出口到欧洲和美国市场，出口额约6亿美元。本国市场有机农业产品销售额约11.7亿比索（1美元约合13比索），年均增长10%[①]。

（二）墨西哥有机农业管理概况

墨西哥是这一地区的有机大国之一。该国通过参与式过程建立起来的综合有机法律体系框架，以及政府对国内几个州有机食品行业的支持是公私合作的成功案例。2014年10月，墨西哥有机生产协会（SOMEXPRO）与国际有机农业运动联合会（IFOAM）签署了一份协议，该协议指出了几项具体行动，两者携手推动墨西哥有机食品行业的进一步发展。其中第一项行动是关于墨西哥对COROS有机监管的评估以及墨西哥成为国际有机农业运动联合会（IF-OAM）的一员。墨西哥有机生产协会（SOMEXPRO）与有机农业方面有资历的权威机构一并致力于参与式认证（PGS）的监管，参与式认证（PGS）是由在墨西哥15个州都很活跃的有机市场网络REDAC组织建立的[②]。

2014年6月，第一届有机领导力课程结课，这也是该地区第一个有机课程班正式毕业。这一课程是墨西哥有机生产协会（SOMEXPRO）在瓦哈卡州的农业部门负责人与国际有机农业运动联合会（IFOAM）携手创办的。2014年，“一个世界”银奖得主是墨西哥查宾戈一个大学的教授瑞塔·斯温特斯（Rita Schwentesius）——农业领域的一位科学家。在柏林洪堡大学执教8年后，她开始投身于发展墨西哥的有机农业。在这十多年里，瑞塔将墨西哥的有机市场网络REDAC与千余名有机生产农民整合在一起，同时，她还协助创办了有着60名科学家的跨学科研究与农村发展中心（CIIDRI）。墨西哥为“有机农业世界”提供的绝大部分资料都来自这一团队，该研究中心的任务就是探究能够促进有机种植的理论知识和实用方法。目前，跨学科研究与农村发展中心（CI-

---

① http：//mx.mofcom.gov.cn/article/ztdy/201407/20140700661681.shtml

② FiBL，IFOAM. The World of Organic Agriculture-Statistics & Emerging Trends. 2015

IDRI）正在与瓦哈卡州山中的当地有机生产农民开展一个项目，约120位拥有900 hm^2 土地的农民被组织进入一项名为“千年咖啡”的有机公平贸易项目中。这一项目的重点在于药用植物，研究顺势疗法以及有效微生物的混合体，同时利用有机蔬菜园改善他们的食物输入。

过去15年里，墨西哥已经形成了非常全面的有机法规框架，其具体管理包括市、州和联邦三个层级的管理。Chiapas、Oaxaca、Michoacán、Jalisco 4个州和墨西哥城联邦特区是提供有机认证补贴、有机产品销售补贴和有机投入物生产补贴的主要地区。Chiapas、Oaxaca和墨西哥城联邦特区还制定了地方法规，推动实施有机农业发展相关计划。针对有机立法，Michoacán州成立了州议会，Jalisco州建立了首个有机生产委员会。

在墨西哥，联邦政府下的农业、渔业与食品秘书处（SAGARPA）是有机行业的主管部门，通过农产品标准管理局和墨西哥国家农业食品卫生安全质量局来开展具体工作。除了政府部门，国家有机生产委员会为有机农业运动的推动，有机法规框架以及有机农业发展推广计划的制定和落地方面做出了重要贡献。墨西哥推动有机农业发展的措施包括对有机生产的部分补助，向欠发达地区农户和经营者提供转换期培训，为其制定有机管理规划提供技术指导，为有机投入物的购买、有机认证等提供资助。

墨西哥有机行业非常重视有机生产投入物问题，2015年8月，为规范有机生产投入物管理，推动有机认证机构在有机投入物评估和许可方面的合作，Certimex、Metrocert、IMO Latin America、Mayacert、TCo Cert Mexico等机构之间签订了一份重要的协议，标志着有机认证机构为应对国内有机生产投入物相关法规缺乏这一问题而开展的更好合作①。

四、萨尔瓦多有机生产法规与管理②

（一）萨尔瓦多有机农业发展历史与现状

萨尔瓦多有机农业的发展始于20世纪80年代末期，最初兴起于战争中被

① FiBL，IFOAM. The World of Organic Agriculture-Statistics & Emerging Trends. 2016

② FiBL，IFOAM. The World of Organic Agriculture-Statistics & Emerging Trends. 2009

废弃的农场，因为这些农场十分易于转型。一些非政府组织通过国际发展合作基金为有机农业发展提供建议咨询与技术支持。

2009 年，萨尔瓦多有机种植面积达 7 477 hm^2，其中，6 166 hm^2 经过了有机认证，其余 1 311 hm^2 处于有机转型期。种植面积最大的为咖啡、芝麻、腰果和椰子，前三种也是最主要的出口产品，在 2008 年 1—8 月期间出口总额达 920 万美元，而在出口产品中，咖啡所占份额超过 80%（表 4-1）。

通过有机方式进行生产的生产者约有 2 000 户，他们在传播有机农业相关知识方面也发挥着重要作用，推动着萨尔瓦多有机行业不断发展。萨尔瓦多有机组织（El Salvador Organics）主要负责销售萨尔瓦多有机运动组织（the Organic Movement of El Salvador，MAOES）成员生产的有机产品。MAOES 组织包括 28 个生产商团体以及加工销售 100 多种不同产品的小型公司。非政府组织会为国际合作机构出资供应的项目提供咨询建议与技术支持，从而促进有机产业链供应端的发展。萨尔瓦多大学目前是仅有的一个直接与萨瓦多尔有机运动组织进行直接合作的大学。

表 4-1　主要产品的出口额　　美元

产品	2004	2005	2006	2007	2008	2008 年份额	2006—2007 的变化
腰果	110 612	136 854	104 676	74 590	21	1%	−29%
有机水洗式咖啡	1 446 579	2 337 309	2 493 544	5 133 750	8 750 843	84%	106%
有机炭烧咖啡	906	2 428	958	400	348	0%	−58%
带壳芝麻种子	592 947	465 061	352 450	898 685	450 000	15%	155%
去壳芝麻种子	308 521	91 800	482	8	#	0%	−98%
芝麻油	1	#	#	#	#	0%	#
总计	2 459 568	3 033 452	2 952 109	6 107 434	9 201 212	100%	107%

数据来源：CENTREX-BCR 数据信息（注：2008 年数据为 1—8 月）

萨尔瓦多有机运动组织拥有两个专营店以及一个带餐厅的商店，店内销售成员组织生产的有机产品，其管理运营由萨尔瓦多有机运动组织的分支萨尔瓦多有机部门（El Salvador Organics）负责。在圣萨尔瓦多及其他地区，都有地方性的商场出售有机产品，这些商场大多由萨尔瓦多有机运动组织的成员经营，也有的由政府支持的组织机构进行经营。产品主要出口至美国、日本、加拿大、德国、英国、法国、比利时、意大利与澳大利亚。

（二）萨尔瓦多有机生产管理体系

2004年5月萨尔瓦多颁布了第52号法令，为有机生产、加工与认证提供了标准和指令。目前，正在草拟一份新的法律用以指导有机生产、加工及认证等过程，新的法规由农业部和萨尔瓦多有机运动组织成员共同商定。

一些州为有机农业提供服务，但范围有限，因为并非所有的咨询顾问都接受过有机农业方面的专业训练。因此，萨尔瓦多出口促进机构与农业部共同出资赞助有机企业参与商品交易会与国际营销活动。

除此之外，从2008年11月起，政府政策大力支持有机农业发展。这些政策的实施，在短期或中长期内对有机农业的发展产生了显著的积极影响。

目前，有机农业方面的研究主要由各生产者根据自身需要展开，农业研究机构通常并不从事有机农业工作，萨尔瓦多大学的学生和其他研究机构在此方面开展了一些小型研究项目。在各个项目框架下，一些非政府组织为有机提供技术支持和农民培训等服务。

萨尔瓦多的有机农业发展有着光明的发展前景。在过去5年中，萨尔瓦多有机运动组织开展的各项活动促进了有机种植面积的增加，同时也使得有机市场上的商品种类更加丰富。

五、危地马拉有机生产法规与管理①

（一）危地马拉有机农业发展历史与现状

20世纪70年代，在危地马拉生活的外国人开始提出环境方面的倡议，主要关注自然资源的优化使用以及对自然环境的保护。20世纪80年代末90年代初，有机农业出现，并由于市场需求的推动而不断发展。2007年，由于有机注册和控制系统的改善，危地马拉的有机生产也得到了提升。

---

① FiBL，IFOAM. The World of Organic Agriculture-Statistics &Emerging Trends. 2009

2009 年，已注册的有机经营者有 73 名（包括个体生产者、生产商团体、加工者以及商人），总共的生产者为 5 400 名。实行有机生产的土地面积达 6 300 hm^2，产量约为 5 400 t，危地马拉国内平均土地产量为每公顷 0.85 t。最主要的有机作物为咖啡，占到了有机种植面积的 90%以上。

危地马拉的国内市场发展尚不充分，但也出现了一些区域性的专营店，近期，也引入了直营的方式。当地的超市也开辟了专门的区域出售有机产品。危地马拉主要的出口产品为咖啡、芝麻、香草、红茶、香蕉及草莓。主要出口市场为欧盟（占出口份额的 47%），美国（35%），其余 18%销往日本等国。危地马拉有机行业的一个缺点是，出于成本考虑，很多面向本地市场的有机产品并未得到有机认证。

（二）危地马拉有机生产管理体系

危地马拉有机种植得到了国家有机农业委员会（The National Commission of Organic Agriculture，CNAE）的支持，该委员会的代表来自公共与私营部门，教育、服务行业，也包括生产商与消费者群体。国际有机农业委员会的基本职能是支持有机农业的正常发展，同时，也会就有机农业的宣传与发展同其他机构进行合作。在公共领域，另外两个机构也开展有机农业宣传和支持工作，其中一个是农业部准则与制度单位下的有机农业办事处（the Organic Agriculture Office)，该部门也是危地马拉负责有机农业整体框架和政府对有机农业扶持事宜的权威部门；另一个是 PRONAGRO，这是隶属于国家粮食安全部食品安全项目下的部门，主要负责为有机产品的出口提供服务。

有机农业办事处支持在国内外开拓新的市场，也支持小规模生产者能够得以认证，为生产者培训有机法规，促进不同机构之间的信息交流。PRONAGRO 通过直接为生产者提供堆肥等物质资料为其提供帮助，并支持建立家庭有机园。

在危地马拉，有 6 个主要的国际认证机构，3 个已经在政府登记注册，剩余机构正在注册过程中，并与政府之间保持着良好的合作。参与式认证体系（the Participatory Guarantee Systems，PGS）还未在危地马拉正式建立起来，但已经取得了很大进展，参与式认证机构可以作为国际认证机构的替代机构，但国内小规模生产者对于这一认证体系的利弊尚不太明确。

（三）危地马拉有机生产政策与法规

自从 1999 年起，危地马拉就已经开始制定与有机农业相关的法律法规。主要的法律框架是由四项部门协约和一则政府条约构成，包括：第 1173—99 号部门协议决定成立国家有机农业委员会（the National Commission of Organic Agriculture，CNAE）；第 1317—2002 号部门协议决定出台有机农业技术手册，以此来规范并促进危地马拉有机农业的发展；第 145—2002 号政府决议决定在经济部下设危地马拉认证办公室（the Guatemalan Office Accreditation，OGA）；第 652—2007 号部门协议决定修改并扩展国家有机农业委员会的职能；第 400—2008 号部门协议决定，授权成立生产集团评估规范。欧盟要求危地马拉为认证机构提供参考指南，包括对生产商进行评估时的最小参数，而这份规范为这一目标的实现奠定了基础。

随着有机法规的实施，危地马拉成为第三个符合欧盟法规的出口国家，但是，为了促进国内市场的发展，危地马拉仍需要根据国情调整国内政策，以减少对国际市场的依赖。

在危地马拉，有各种国际合作机构支持有机农业，如 JICA（日本），HIVOS（荷兰），HELVETAS（瑞士），VECINOS MUNDIALES（国际机构），GTZ（德国），以及 ADA（奥地利）等都与危地马拉本地进行合作提供技术援助。美洲间农业合作研究所（IICA）与当地有关部门倡议退出“有机生产与知识发展”项目，这一项目旨在促使小型农户获得市场份额，另一项较为长远的目标便是将促进有机农业发展作为一项国家战略，将所有危地马拉的有机行业都包括在内。

危地马拉的有机农业研究发展还未正式建立起来，至今为止，政府机构仍未充分认识到研究的重要性。学术领域的研究主要体现在学生的论文中，论文主要与有机化肥相关。也有部分团体与个人提供咨询和培训，各个州也会提供有机法规准则的培训。

危地马拉有机产品发展前景广阔，但为了有机行业的进一步发展，仍需要机构与资金支持。有机农业发展的兴趣主要来自保护自然资源并改善农业用地。商业化用地生产有机产品在危地马拉仍是新兴事物，但农业各部门均对此兴趣十足，并为此提供了必要的农业用具来支持有机农业的发展。

六、哥斯达黎加有机生产法规与管理①

（一）哥斯达黎加有机农业发展历史及现状

根据农业与畜牧业的数据显示，哥斯达黎加有机种植面积为 8 000 hm^2，有机生产者 3 000 户。其中，30%的生产者从事香蕉生产，30%生产可可，剩余部分种植作物，如咖啡。大部分生产者是小规模的农户，一般都是农民协会或合作社的成员。在种植面积方面，香蕉种植面积约为 4 294 hm^2，菠萝 1 319 hm^2，咖啡 1 132 hm^2，橘子 615 hm^2。

面向国内市场的有机产品在当地农产品市场和主要的连锁超市都在出售。主要出售的产品有：新鲜蔬菜以及加工产品如咖啡、糖、巧克力和果酱等。根据哥斯达黎加有机农业运动提供的信息，有机产品在国内市场每年的销售额约为 200 万美元。

绝大多数的有机产品都出口至发达国家，如美国、加拿大、澳大利亚、日本以及欧盟。根据外贸部 2009 年的数据显示，约有超过 5.4 万 t 的有机产品出口向国外市场，经济额超过了 2 600 万美元。

欧盟的主要目的市场为荷兰，约占哥斯达黎加出口总额的 50%，其他目的市场也包括意大利、英国、瑞士、德国、西班牙和法国。2009 年，出口至欧盟的主要有机产品包括：菠萝（42.3%）、香蕉（28.6%）、橘子（22.6%）、甘蔗（5.1%）以及可可（1.4%）。

哥斯达黎加农业与畜牧业部称，在国内公共与私人领域的支持下，有机生产发展良好。哥斯达黎加信息获取十分便利，同时国家法律为有机生产和销售提供了一个清晰的框架。国内外市场对有机产品的需求较为强劲，这些因素综合作用，使得哥斯达黎加的有机农业发展前景广阔。

同时，哥斯达黎加的有机行业也面临着一些障碍需要克服，主要的困难

---

① FiBL，IFOAM. The World of Organic Agriculture-Statistics &Emerging Trends. 2011

有：关于害虫和疾病防治的替代方法方面的信息较为缺失；有机认证成本较高，对于面向国内市场的生产者来说尤为如此；国内市场发展相对欠发达；有机生产者之间的合作与联系较为松散；产品系列的连贯性和持续性较差；生产质量仍有待提高；产品之间缺乏竞争价格等。

（二）哥斯达黎加有机生产管理体系

哥斯达黎加的有机生产得到了政府部门及相关国际组织的大力支持，提供扶持的机构主要包括：农业与畜牧业部，提供技术支持、培训以及经济扶持；外贸部，参与外贸展会、商务论坛以及贸易任务；与农业相关的大学和公共机构进行研究与培训；国际组织开展研究与培训。

哥斯达黎加政府通过制定法律法规对有机生产提供支持，其中包括：1995年11月，由第7554号法令颁布的有机环境法；2001年9月，由第29782号法令颁布的有机农业法规；2004年4月，由第8408号法令颁布的促进可持续农业生产法；2007年6月，由第8591号法令颁布的促进有机产业发展法；2010—2021年促进农业与农村发展国家政策；欧盟第三国家列表。

哥斯达黎加国内主要有4个认证机构经过了政府当局的注册，负责这一注册登记事宜的政府部门为农业与畜牧业部，具体是：Ecologica认证机构①：主要负责检测认证出口向欧盟、美国以及国内市场的产品；BCS-Öko-Garantie认证机构②：主要负责检测向欧盟出口以及在国内销售的产品；Control Unión控制联盟认证机构③：负责检测认证向欧盟出口和国内销售的产品；玛雅检测机构（Mayacert S. A.）：负责检测认证向欧盟、美国、日本、韩国及其他国家出口的产品。

哥斯达黎加大部分有机生产者都加入了哥斯达黎加有机农业运动组织（MAOCO）④。这一公私混合的组织内部还有一些非政府组织和公共机构参与，目标是支持有机行业的发展以及为有机产业链中的投资者提供帮助。根据农业

① www. eco-logica. com

② www. bcs-oeko. com

③ www. cuperu. com

④ www. agriculturaorganica. org

和畜牧业部的数据，43 位加工商已经经过注册，其中 42％为咖啡加工商。

哥斯达黎加农业与畜牧业部、外贸部与国际合作机构一道，将在未来几年内促进技术研究中心逐渐向哥斯达黎加国内转移，同时通过提升有机产品在市场中的品牌形象，扩大哥斯达黎加有机产品的影响力，从而进一步拓宽销路。

七、古巴有机生产法规与管理①

（一）古巴有机农业发展历史及现状

古巴典型的农业生产单元是大规模的合作社。在合作社中，农业家庭之间纽带较为松散。在地势较低的地区，合作社仅种植几项有市场需求的农作物，以及多种自给自足的作物。在山地地区，合作社通常采取各式农林系统生产活动，在古巴的一些东部省份如圣地亚哥，这一特征尤为显著。大规模农场最初是由西班牙和美国殖民者发展起来的，后由古巴社会主义政府发展壮大。1959 年古巴革命之后，土地被分配给 20 多万小农家庭，而 70％的大领地归政府所有。自 20 世纪 90 年代早期古巴实行的社会主义经济共同体失败以后，古巴的农业发展便面临着多重挑战。农业投入极度匮乏，古巴农民需充分利用现有资源实现自给自足。这也导致了古巴难以实现产出目标，国内食物市场上阶段性地出现供应不足的现象，出口数量也在不断下降。古巴面临的严重挑战总结起来就是：需要尽可能充分利用现有资源来提高效率和产量。

在生产层面，解决方法就是实现农业的低投入。早在 20 世纪 80 年代末，随着前东欧集团供应量的下降，古巴已经开始在全国范围内发展生物害虫防治，最终显著降低了农药使用量。20 世纪 90 年代，古巴国内开始出现成千上万的城市蔬菜种植园，主要用于城市人口的自给自足。这些蔬菜种植园并没有得到有机认证，但却是古巴有机运动的主要支柱之一，并在国际上也产生了一定影响。随着此类城市种植园不断发展低投入的食物生产，其价值也更加凸显。在传统农业中，通常会大量使用化学肥料、农药与除草剂，在 2008 年的飓风灾害之后，用量进一步加大。古巴的部分农业被认为是“默认有机”，因

① FiBL，IFOAM. The World of Organic Agriculture-Statistics & Emerging Trends. 2009

为有的地区无法获得以上提到的化学类农业用品。

有机农业对于古巴农民极具吸引力，因为有机农业基于较低的农业投入，同时开辟了高消费市场。自 20 世纪 90 年代起，古巴的生产者、科学家以及国家机构便积极推进有机农业发展。首批获得有机认证的古巴农产品包括：咖啡、蜂蜜、柑橘以及蔗糖。逐渐，古巴推出了新的有机产品，包括热带水果如杧果和椰子等。古巴的有机农业发展前景良好，有专家甚至称古巴为“有机岛”，但现实表明，古巴的有机农业发展仍然任重道远。

古巴的有机农业生产在 2005 年时达到了最高水平，自那时起，扩展的速度开始放缓，并保持在一个较稳定的水平。到 2008 年末时，古巴得到有机认证的农场达到了 2 954 个，其中多数通过了内部控制制度（ICS）的检测。见表 4-2。

表 4-2　截至 2008 年古巴的有机生产概况

作物	生产体系	面积（hm^2）	农户数量	产量（t）
蔗糖	轮作农场	5 196	631	3 500
柑橘	农场 & 农林体系	4 195	579	301
咖啡	农林系统	3 807	1 156	451
可可	农林系统	0	0	0
椰子	农林系统	1 056	100	82
杧果	大农场	60	1	38
蜂蜜	野生采集	27 758 个蜂群	487	1 201
总计		14 314	2 954	5 573

数据来源：农业部与蔗糖部

（二）古巴有机生产管理体系

古巴政府通过建立专门的机构、立法、科研、教学扩展以及通过生产实践来支持有机农业的发展。国家立法草案正在筹备过程中。截至 2009 年，有机认证全部由国际认证机构进行。农业部称，古巴的关键质量检查和认证机构尚未成型。

古巴有机农业运动起初主要集中在技术更新方面，在农业转向更为可持续的发展模式过程中，呈现出了对技术的明显需求。因此，古巴发展出了典范的技术转型道路，尤其是在生物控制技术方面。但这一趋势在过去几年内发生了变化，古巴有机运动逐渐与小农运动相结合，开始致力于全面整体的发展，并探索农业技术背后有机农业的真正内涵。有机农业不仅仅是指农业工作，更能促进国内乃至全球问题的解决，如食品安全与气候变化等。

古巴对有机农业的倡议得到了农业研究人员与咨询顾问的支持，他们为有机农业的发展献计献策，并在1992年组成了有机农业组（Grupo de Agricultura Organica（GAO）），几年之后，该组织转型成为古巴农林技术协会（Asociación Cubana de Técnicos Agrícolas y Forestales（ACTAF））。古巴农林技术协会（ACTAF）定期组织国家级会议。近期的一次会议于2008年5月举办，会议名称为"第七届有机与可持续农业国际会议"。

八、多米尼加共和国有机生产法规与管理①

多米尼加共和国的有机生产始于20世纪80年代，有机生产的理念最初是由美国专家马克·弗里曼（Marcos Freeman）引入艾利斯皮亚省的。多米尼加共和国国土面积为4.844 2万 km^2，总人口为823.072 2万人。据国家农业部称，多米尼加用于农业生产的土地面积为194.57万 hm^2，其中，87.33万 hm^2 用于农作物生产，107.24万 hm^2 用于畜牧业。见表4-3。

根据该国经过农业部许可的有机认证机构提供的资料，多米尼加共和国有12万 hm^2 的土地用于有机生产，包括正在有机转型期内的土地面积。这相当于全部农业用地的6.3%。在所有的44.916 5万名注册农户中，有4%（1.8万名）生产商从事有机农业生产，其中1.4万家农户已经得以认证。

多米尼加国内的多为国外认证机构（如 BCS Dominicana，IMO Caribe，Suelo y Salud.），参与式认证模式是一项新型的倡议。在有机领域，主要参与者有：生产者，认证机构，商人，加工者，外部检测者以及内部检测者（也称内部控制系统）。当地的有机市场发展尚不完善，但是，已经有一些超市和专

① FiBL，IFOAM. The World of Organic Agriculture-Statistics & Emerging Trends. 2009

门的商店提供有机产品。

表 4-3　多米尼加共和国 2007 年有机农业土地利用、产量及农户数量情况

作物	认证区域 (hm²)	转型中土地 (hm²)	出口产品 (t)	农户数量	转型中农户数量
香蕉	14 875	77.5	152 552	1 395	130
可可	59 102	20 299	33 156	10 635	180
杧果	506.95	15.6	6 176	18	10
柠檬	1 569.7	#	1 950	8	#
牛油果	389.7	3	5 511	50	5
咖啡	7 936.51	3 724	1 133	1 346	1 027
椰子	2 878	147	13 954	61	12
蔬菜	0.1	#	12	1	#
夏威夷果	148.2	#	9	37	#
牧草地	167	#	#	3	#
百香果	3	#	#	3	#
木薯	350.6	#	514	50	#
橘子	3.8	#	#	12	#
其他农业用地	10 883.5				
总计	98 823.48	24 266	214 962	13 628	1 364

注：该表格数据不包括供应国内市场的产量，农民数量总计包括个体农户、农业公司、农民团体、合作社以及非政府组织等。数据来源：国家农业部 2007 年数据

1995 年，多米尼加有机农业协会（the Dominican Association of Organic Agriculture，ADAO）成立；1997 年，多米尼加与日本发展机构（the Japanese Development Agency）展开合作，进行有机农业方面的科研；2001 年 6 月，根据第 695—010 号总统法令，成立了有机农业全国委员会（the National Council of Organic Agriculture）；随之，2003 年 9 月，成立了有机农业部（The Department of Organic Agriculture，DOA）；2005 年 2 月 28 日，根据第 8 号决议，成立了国家有机项目（The National Organic Program，PRONAO）。

在有机生产、加工以及销售等领域，目前多米尼加共和国已经建立了以下

法规：第 819-03、820-03 和 223-08 号总统法令，为多米尼加共和国有机产品的生产、加工、包装、标签、存储、运输以及销售方面奠定了法律基础；第 15-08 号决议，确定国内有机农业规定。

中央政府支持力度主要集中于有机农业发展、技术支持、有机肥料的生产以及害虫疾病的综合治理方面。同时，政府也支持通过农业银行提供贷款扶持。在合作发展项目中，德国以及其他欧洲国家正实施项目，促进多米尼加与海地的合作，以此来促进环境保护同时支持有机农业的发展。多米尼加农林研究机构（The Dominican Research Institute of Agriculture and Forests（IDIAF））正在进行调查研究，通过发展和改良作物品种来控制害虫疾病等。

随着有机种植面积以及得以认证的有机生产者数量的增加，多米尼加共和国有机农业发展前景一片光明。同时，这也得益于近几年有机产品出口取得的成绩以及该国与国际市场签订的一系列条约。

九、智利有机生产法规与管理①

（一）智利有机农业发展历史与现状

从 20 世纪 80 年代开始，智利有机农业开始发展。首批推动实行有机农业生产体系的是一些非政府组织和农民，他们的目标就是为农民引进新的方法来解决诸如自给自足的问题，同时也旨在促进农村地区的食品安全。多年来，由于信息、生产和市场的缺失，政策制定者一直将有机农业视为一项无关紧要的事情，正是由于这一原因，智利没有出台过任何支持有机行业的政策。随着有机种植面积的增多，有机产品开始出口，政府开始倡议发展和实施一些政策与项目来支持这一行业。同时，一些中等规模的农民和企业也转向了有机生产，出现了一些认证机构，私营部门也逐渐组织到了一起。2000 年以后，智利有机农业用地和生产者开始持续缓慢增长，政府出台的有机法规和有机农业标准推动了这一行业的发展。

智利有机生产用地从 2008 年的 3.044 3 万 hm^2 一下子增长到 2009 年的

① FiBL，IFOAM. The World of Organic Agriculture-Statistics & Emerging Trends. 2009

17.576 0 万 hm^2，增长了477%。其中1.426 8 hm^2 用于农业种植，其中4 082 hm^2 用来种植橄榄、苹果、牛油果、猕猴桃等各类水果，另有5 183 hm^2 种植草莓、蓝莓等有机浆果。在智利，野生有机采集占非常重要的地位，约有9.223 5 万 hm^2 有机认证土地被用于野生采集，主要物种有蔷薇果、浆果和药用或芳香类植物。有机养殖处于早期发展阶段，有6.306 2 万 hm^2 天然牧场。有机农业约529家，主要集中在中部地区，生产的产品主要进行出口；有机加工商和出口公司分别为75家、58家。

智利国内市场较小，因此80%的有机产品都用来出口。国内的市场集中在几个主要的城市和首都圣地亚哥，这些城市的超市出售有机产品。也有一些小型的专门商店不仅出售有机产品，也有自然产品、保健品和其他相关产品。在圣地亚哥和一些其他地区，小规模的有机生产农民自营的店铺也在出售自己生产的有机产品。也有一些农民通过农场直销或送货上门的方式将产品直接销售给消费者。国内市场上主要的有机产品有：新鲜果蔬、橄榄油和酒。国际市场上，主要的出口产品为新鲜水果和酒，主要的出口目的地有：欧盟、美国、加拿大和日本。

（二）智利有机生产管理体系

智利有机农业国家委员会成立于2005年，是为农业部专门成立的国家委员会。这一委员会的目标是将支持有机农业的政策与实际行动相结合。该委员会公私兼具，于公，来自所有农业服务部门和其他公共机构的代表都加入了这一委员会；于私，来自有机农民协会、非政府组织（NGOs）、大学和认证机构的代表也加入了这一委员会。

农业研究与政策办公室（ODEPA）是农业部的一个服务部门，主要负责为农业部收集和发布有用的农业信息。这一机构在有机管理和标准的发展方面发挥着重要作用，同时也收集有机农业的信息与数据。农业与畜牧业服务部（SAG）也是农业部的一个服务部门，主要负责国内植物与牲畜的卫生状况，同时负责有机农业法第20089条与国家有机标准的执行。农业发展研究所（INDAP）隶属于农业部，是一项推广性服务，帮助国内各地区的小规模有机农民建立了大量的网络，同时也为小型生产商提供技术资金支持和建议咨询。

国家农业研究所（INIA）是农业部的一个服务站，主要负责为农业部进行调研，目前该所拥有多项关于有机农业的项目和活动。

农业创新基金会（FIA）为私人部门的创新性活动提供资金支持，如技术访问、技术转让与研修活动。智利有机协会（AAOCH）成立于1999年，成员有农民、认证者、商人、顾问、学生、专家等。这一协会自创立以来就被政府官方部门认可为有机行业的代表。比奥比奥（智利区名）有机农民协会成立于2007年，是一个崭新的智利南部地区有机农民协会，其目的是从区域视角出发代表农民的需求。

智利出口促进会（Prochile）是外交部下属的一个机构，主要负责出口市场的拓展。多年来，这一机构通过研究、讨论、组织智利农民和企业参加有机博览会、联合赞助去往世界各国的技术访问等形式来支持智利有机行业的发展。

智利生产促进会（CORFO）为招商引资、金融、发明创新、质量产量相关的一系列活动提供各项支持。自2007年起，智利生产促进会（CORFO）与农业研究与政策办公室（ODEPA）及智利有机协会（AAOCH）便致力于找到首个在转型时期帮助农民的方法。

（三）智利有机农业支持政策

智利农业部从各方面对有机产业发展进行支持，包括设立法规。同时，在创建工作小组、开展研究项目、发布信息及为有机协会提供推广和市场支持方面，农业部也发挥了关键的支持作用。在其采取的行动中，核心的一项便是通过各种渠道寻求新的市场机遇，如农场访问、国际研讨、市场研究及参加贸易展会等。农业部为政府进行的主要工作是搜集有机行业的信息。2008年，农业部赞助了一项旨在审查和评估有机行业的国家调查项目，同时，该部也主要致力于培养能够执行新有机生产法的政府官员。为支持有机农业发展，农业部下属的有机农业委员会在2009年制定了“2010—2020国家有机行动计划”，这是智利首个有机农业行动计划。

2003年，智利农业部与瑞士签署了一份合作协议，承诺交换技术信息并执行有机体系来帮助小规模农民生产有机酒和日用产品。

（四）智利有机农业法规与认证管理

智利新有机法——第20089号法自2007年12月便开始实行，这项法律建立了有机产品认证的国家系统，创立了专门的条例，承认并保护了“有机”“生物”及“生态”等名称。这项法律也规定了有机认可规则，对能够在国内运营的认证机构进行评估和授权。此外，法律也设立了官方的有机标志，同时明确了滥用此标志的惩处与罚款办法。

智利的认证是由在农业与畜牧业服务部（SAG）登记注册的本国及外国认证机构进行的。根据新有机农业法第20089号法规定，农业与畜牧业服务部（SAG）是一个有着政府管理系统的国家权威机构。目前在智利还没有团体认证，正在运营的认证机构有：德国IMO，BCS和Argencert。不过，法律认为，如果农民团体拥有一个内部认证系统，且达到了智利有机标准，在畜牧业服务部（SAG）登记注册过，并将产品直接销售给消费者的话，这些农民即可进行自我认证。

十、厄瓜多尔有机生产法规与管理①

（一）厄瓜多尔有机农业发展概况

厄瓜多尔位于南美洲太平洋北部沿岸，由于其独特的生态系统与丰富的自然资源，厄瓜多尔被认为是世界上生物多样性最为丰富的国家。根据国家官方数据，厄瓜多尔有30.8%的土地用于农业生产（1 235.583 1万 hm^2）。大多数土地为小农户所有，土地分配的数据显示，约有75%的生产单元小于10 hm^2，86%的农村人口仍处于贫困（图4-2）。

厄瓜多尔的有机农业有两种明显不同的发展趋势：一个是面向国际市场的认证有机农业，另一个为生态农业，即未经认证的有机农业。前者与世界市场的需求紧密相关，而需求产品主要包括香蕉、咖啡、可可、虾以及一些新产品，如藜麦、杧果和甘蔗。旨在解决环境问题的生态农业生产技术主要与国内

① FiBL，IFOAM. The World of Organic Agriculture-Statistics & Emerging Trends. 2009

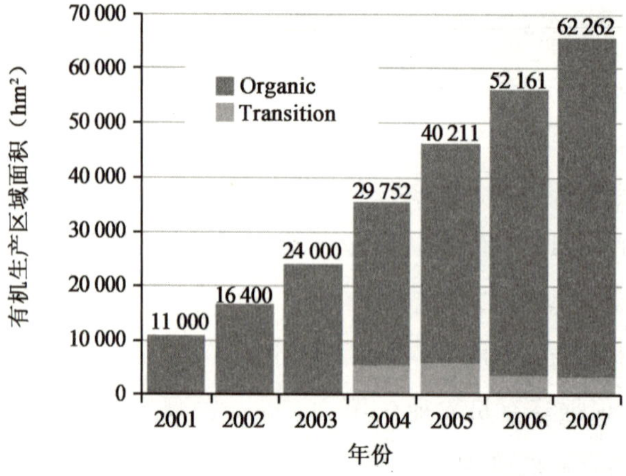

图 4-2　2001—2007 年有机生产区域面积的发展

数据来源：厄瓜多尔有机认证机构（注：面积为农业种植面积与野生采集面积的总和）

市场相关，确保国内食品安全①。

根据德国技术合作公司从认证机构处搜集的数据显示，截至 2007 年年末，厄瓜多尔有机认证的种植面积已经增至 62 262 hm^2，有机转型期的土地面积达到了 3 316 hm^2（其中包括野生采集产品与水产养殖面积）。用于有机生产的总面积（包括已认证与转型土地）自 2001 年来，保持了 17%～49%的增长速度。

可可、香蕉、虾和咖啡是厄瓜多尔最重要的有机产品。如图 4-3 所示，在过去 4 年中，可可和香蕉种植面积持续增长，而咖啡与虾则保持较为稳定的状态。厄瓜多尔其他有机产品则是来自亚马孙流域的品种，如野生采集的蘑菇、藜麦、杧果、甘蔗和一些蔬菜等。以上产品主要面向国际市场，尤其是欧洲市场，而蔬菜则主要供应国内市场。

（二）厄瓜多尔有机生产管理体系

厄瓜多尔《商报》2016 年 1 月 9 日报道，国会 1 月 7 日通过《农村土地和

① Rodríguez J，Rovayo M（2007）：Distribucióny redistribución de ingresos en cadenas de valor：Análisis de casos en asociaciones de pequeños productores del Ecuador de caféy cacao. Programa GESOREN，GTZ Ecuador

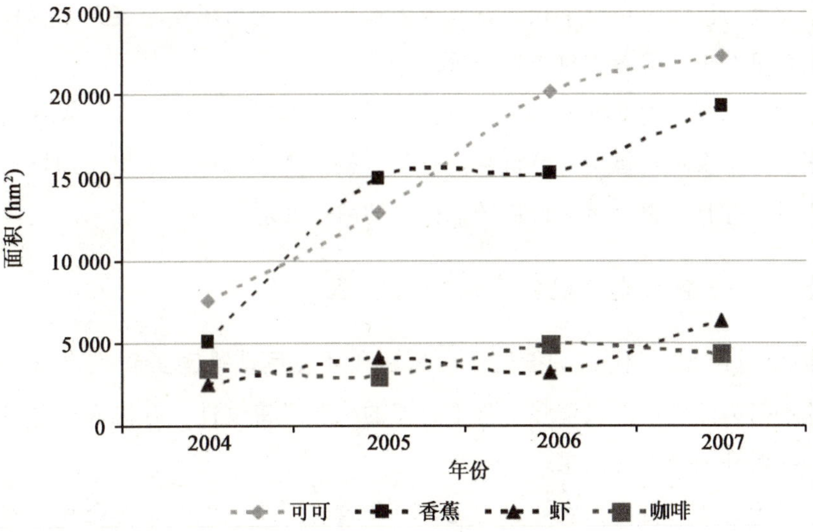

图 4-3　主要有机产品的面积发展变化

继承土地法》（简称土地法），该法案主要作用之一是维护国家粮食安全和厄瓜多尔人口稳定增长①。《土地法》明确了农业部是协调和管理农业土地政策主体，是唯一有权对农业用地进行合法征收和再分配的部门，也是针对全国土地颁布拆迁令、协调处理征地纠纷的机构。

在国家层面，近期出台了一系列国家政策来支持有机农业的发展，从而确保国内食品安全。厄瓜多尔政府在农业技术方面给予了大力支持，农业灌溉用水是厄瓜多尔的主要用水，确定合理的农业灌溉保证率标准对实现农业灌溉用水的水资源配置具有十分重要的意义。政府在技术与法规方面均采取了有力措施以支持厄瓜多尔有机农业的发展。厄瓜多尔的很多农业发展模式为生态农业，即并未得到有机认证机构的认证。在国内，有两大主要趋势：一个是面向国际市场的认证有机农业，另一个为生态农业，即未经认证的有机农业。由于厄瓜多尔丰富的生物多样性，该国在有机农业领域有着广阔的发展前景。有机农业面向国际与国内两大市场，因此，必须完善认证机制。由于厄瓜多尔的有

① http：//china. huanqiu. com/News/mofcom/2016-01/8366939. html

机农业发展与国际市场紧密相连，其未来前景仍基于市场参与度，不仅仅在于需求量，更在于消费者支付市场溢价的意愿。

厄瓜多尔有机农业的未来发展也依赖于国内市场的走向。有机农业的发展也为国内的小农户提供了发展机会，对于有机生产者来说，最主要的挑战是如何进入市场并且与整个市场价值链保持长期商业关系。

十一、哥伦比亚有机生产法规与管理

自 20 世纪 80 年代起，各类社会运动和环境运动推动了新生产形式的出现，这些新兴的生产形式增强了哥伦比亚的生产可持续性，有机农业的发展也正是这些活动倡导下的结果。

在哥伦比亚，自有机农业兴起之时，非政府组织、生产者协会和国家认证机构就一直致力于推动其发展。在过去 10 年中，政府机构、私营公司和大学在有机农业方面发挥着越来越显著的作用。

有机农业数据显示，哥伦比亚有机认证的土地面积从 2001 年到 2008 年翻了一番，由 2.5 万 hm^2 增加到了 4.5 万 hm^2。在哥伦比亚，咖啡种植大约占了全国 1/3 的有机土地和一多半的有机农田。热带水果、糖、棕榈油及其副产品、可可豆、药草、药用植物、蔬菜和基本谷物、鸡蛋、牛奶、酸奶和奶酪总共占了剩余的 2/3。这些产品绝大多数都用来出口，也有在国内市场销售的，且国内市场这部分也在不断增长。同时，有机产品也用于农民和本地社区的自给自足。

有机农业方面没有出台国家政策，但在过去几年内，发展出了一系列标准，如 2006 年的国家有机认证 187 号决议。哥伦比亚政府 2009 年推动制定一个国家有机标志，可以用于得到第三方认证的有机项目。根据哥伦比亚工商主管部（一个负责国家评审的政府权威部门）统计，当年有 6 个公司通过评审，被授权为哥伦比亚国内市场的有机产品进行认证。

哥伦比亚没有专门针对有机农业的资金支持项目，但有一些政府资金支持有机产品销售和动物友好型生产活动。此外，一些国际合作组织，如德国技术合作公司（GTZ），瑞士援外社（Swissaid），荷兰大使馆和西班牙发展合作社

(AECID）也对哥伦比亚的一些有机项目进行了资金支持，如哥伦比亚佛得角网络（Colombia Verde Network），生态西拉网络（Ecosierra Network）等[①]。

十二、阿根廷有机生产法规与管理

阿根廷的有机农业生产发展历史相对较短，但成效显著。阿根廷的有机农业生产起源于1985年，据统计，到1987年也只有5家农户生产有机食品。虽然这些先驱者开始只是以可持续的方式主动推进有机农业生产，没有任何指导或政府的支持，但阿根廷政府很快意识到有机农业生产的重要性。之后，阿根廷参照欧盟的相关规定，为本国有机农业的发展制定了有远见、切实可行的指导方针和管理法规，并于1992年制定出本国有机食品认证标准，从而成为南美洲第一个制定出类似标准的国家。阿根廷的认证标准也得到了国际有机农业运动联盟的核准。

根据阿根廷农业卫生质检总局（SENASA）的报道，阿根廷主要的出口目的国仍然是美国。2013年，对美出口增长了22%；主要致力于出口生产的区域面积也增长了10%，达到了65 555 hm^2；水果，主要是梨，是最重要的出口产品；生产甘蔗、葡萄树和橄榄的区域面积增长了20%。

阿根廷国内的市场也在不断增强，当地的一些展会，例如2014年在布宜诺斯艾利斯举办的那些展览会，正在成为当地消费者关注的重要焦点。通过这些展会，消费者不仅能够购买有机食品，而且能够提升对有机农业重要性的认识[②]。

阿根廷推进有机农业生产的主要做法是：首先按照“自愿加入、利益共享、风险共担”的原则，积极培育和发展农民的经济合作组织。通过合作组织，使分散的、小规模的种粮农民形成经济上的联合，形成经济利益共同体，并为农民提供“从田间到餐桌”的产前、产中、产后服务。增强单个农户进入市场、抵御风险的能力，降低进入市场的成本。其次是健全农产品流通、加工领域的行业中介组织。通过完善中介服务功能，切实为农民、企业、政府之间

① FiBL，IFOAM. The World of Organic Agriculture-Statistics & Emerging Trends. 2009

② FiBL，IFOAM. The World of Organic Agriculture-Statistics & Emerging Trends. 2015

搭建桥梁与纽带，更好地服务于农民和企业。特别是面对加工行业的加工能力过剩问题，行业中介组织要加强行业自律和协调，规范企业运作，防止恶性竞争，维护市场竞争秩序。第三是发展进出口领域的行业中介组织。推动成立一批出口或进口的企业“联合体”。把邻近区域、经营同一产品的数家进出口企业组织起来，在国际市场上以“联合体”形式，一致行动，集体参与竞争，提升阿根廷进出口企业在国际市场上的竞争力①。

十三、巴西有机生产法规与管理

巴西有机农业的尝试最初出现在 20 世纪 70 年代，80、90 年代是发展阶段，21 世纪最初 10 年是巩固阶段。数千户家庭选择有机生产方式，并成为一种生活方式，有机加工和贸易行业也逐渐形成。根据农业部 2015 年的统计，经国家注册的有机生产者有 11 650 位，全国有机生产用地几乎达到 75 万 hm^2，占农业用地的 1%还多。

从产量和消费方面来讲，巴西是南美洲地区最重要的有机市场。巴西对有机产品的管理主要基于以下两个理念：生产商和消费者之间的信任以及质量控制。如果生产商符合第三方认证或参与式保障体系，就会发给其 Sisorg 标志（有机行业官方标志）。如果家庭农场主隶属于某个经由权威机构注册的社会团体，那么该农场主可以不通过认证直接出售其有机产品。在巴西，农业生态协调会（Coagre）、农业协调发展部（SDC）和农业部共同负责国内农业的发展，他们督促、推进并完善有机管理和控制机制的实施。

2010 年，巴西有机质量评估体系（SisOrg）开始生效，与此同时，巴西有机农业法律框架进入实施阶段。根据 SisOrg，参与式保障体系与审核认证享有同等地位，SisOrg 标识应用于所有有机农产品，消费者可以选择自己倾向的认证产品。除了参与式保障和审核认证，巴西法律还肯定了社会认证机构（OCS）的有机评估，这种方式被视为简化版的参与式保障，小农户为直接向

① 霍美丽．阿根廷有机农业发展观察及对中国发展路径的思考．世界农业，2009（12）：57-58

消费者销售要严格按规定采用该方式。2012 年 8 月，7794 号总统令的签署是巴西有机农业发展进程中的一件大事，其标志着国家有机生产和农业生态学政策的建立。之后在 2013 年 11 月，总统 Dilma 公布了“国家生态农业和有机生产计划”，该计划目前还在执行中，内容涉及信贷补贴、研究机构和大学开展的研究，有机农业方面的技术帮助、认证产品的政府采购等[①]。

2013 年 10 月，巴西就有机生产和生态农业宣布实施一项名为“巴西生态农业”[②] 的宏大国家计划。这一国家项目中大多数资源都可以用来促进家庭农业以及农业畜牧业计划发展。其余的资源将被分配到各个专门的项目中，例如培训、技术支持的改进、乡村拓展、技术革新以及通过食品采购项目（PAA）和食堂供膳国家计划来获得更好的公众采购渠道。

巴西政府的目的在于让家庭农场主生产有机产品，提高其家庭收入并增加巴西民众的有机食品供应。生态优势项目（EP）一直支持有机生产，也支持合作社、网络和农民团体增加与传统市场渠道接轨的进程，生态优势项目的这一做法旨在发展巴西的生态农业，而且这一项目还将额外投资 1750 万巴西雷亚尔（相当于超过 500 万欧元）。这笔款项中，1 000 万巴西雷亚尔（超过 300 万欧元）来自于国家经济和社会发展银行（BNDES），500 万来自于其他合作伙伴，250 万是国家经济和社会发展银行（BNDES）与国家食品供应公司(Conab）合同中的一部分。巴西银行也会提供 1 500 万巴西雷亚尔的贷款，而且将为一些重点合作社的项目进程提供便利。

至少有 20 万的家庭将会从巴西生态农业的有机产品生产项目（Planapo）中获益。据估计，到 2015 年年底，会有 5 万的经营者拿到有机认证证明。2014 年已有 1 万多名经营者，其中，半数是经由第三方认证的，1/4 由社会管理控制组织认证，另 1/4 由 PGS 认证[③]。

---

① FiBL，IFOAM. The World of Organic Agriculture-Statistics & Emerging Trends. 2016

② 巴西农业部，http：//www. mda. gov. br/planapo/

③ FiBL，IFOAM. The World of Organic Agriculture-Statistics & Emerging Trends. 2015

十四、委内瑞拉有机生产法规与管理①

（一）委内瑞拉有机农业发展历史与现状

委内瑞拉的有机农业始于1992年，最初是从法尔肯等几个州的咖啡种植开始的。一些合作社内部的小农家庭种植品种多样，率先开始使用有机种植方法。

在梅里达州，德国的瑙曼基金会，英国的土壤协会以及可持续发展非政府合作组织（CODESU）对有机认证生产的发展发挥了重要作用。塔奇拉州的情况类似，尽管很多有机技术还未得到认证，但有机技术的使用已经带来了明显的发展。1990年，在劳拉州，合作社联盟倡议实行蔬菜以及药物植物的有机生产，并在当地进行出售，但是这些产品也未经过有机认证。

消费者对有机产品和有机商品标签十分熟悉，但是很多有机商品是进口的，因为委内瑞拉的加工技术仍然欠发达。劳拉州的合作社联盟在销售新鲜有机产品方面有着较为丰富的经验。委内瑞拉的主要出口市场为美国和欧盟。

经过认证的咖啡、可可、香蕉、水果以及药物植物的有机种植在梅里达州、法尔肯州和米兰达州都实现了快速增长。公司、农场和一些基金会都支持有机种植的不断发展，咖啡、可可、水果、夏威夷果、木薯、蜂蜜、草本植物等都是重要的产品。种植面积不断增长，到2009年已有681 hm^2 的土地是经过认证的有机种植土地。此外，还有大约1 760 hm^2 的土地正处在有机转型期。尽管有机生产已经发展了十几年，但还未在委内瑞拉形成坚实的基础。

（二）委内瑞拉有机生产管理体系

一些认证机构对于希望进行有机生产的农民提供支持，CODESU是委内瑞拉的一个国家级检测机构，其与英国认证机构和拉美的IMO认证机构之间有着密切合作。委内瑞拉的合作社联盟ACOBIOT是国家认证机构，而Cacao Bene认证机构则根据国际有机农业运动联盟（IFOAM）标准进行检测和授权。有的合作社联盟已经开始实行参与式认证，如蔬菜和药物植物。

---

① FiBL，IFOAM. The World of Organic Agriculture-Statistics & Eerging Trends. 2009

在粮食的安全与主权方面，委内瑞拉有一项制度性的法律基础，用以应对粮食的安全与质量问题，同时旨在发展有机和可持续的农业，降低生产成本，提高农业产量。在塔奇拉州，国家有机生产委员会积极支持有机农业的发展。

目前尚没有一项明确的有机国家法律支持有机行业发展。但是政府出台了一些战略性规划来对有机行业领域进行支持。如通过技术培训对咖啡行业提供支持。一项欧洲合作项目[①]鼓励在“公园、人类、可可”的主题下进行可持续发展。在这一项目中，委内瑞拉首次实现了有机咖啡的认证。同时，在其他州也有委内瑞拉与伊朗之间的合作协议促进有机农业的发展。

瑙曼基金会、Fundagrea 以及 CODESU 在委内瑞拉有机农业的发展中发挥着至关重要的作用。一些大学与国家农业研究机构也有一些活动，旨在促进有机投入。在专业训练方面，塔奇拉技术大学（UNET）已经开设了农业技术这一门课程。私人组织在促进生产者组织建立的过程中发挥了重要作用，如 FUNDAGREA，CODESU 等。同时，在此过程中，国家的多个教育研究机构也发挥了必不可少的作用，如委内瑞拉中央大学（UCV），美洲环境与领土发展研究中心（CIDIAT），安第斯大学（ULA），塔奇拉国家实验大学（UNET），国家农业研究机构（INIA），一些政府机构也提供了支持，如科技部、农业部。

随着国家科技部的先进网络技术支持，有机行业中的生产和加工领域都将见证更大的发展。

十五、秘鲁有机生产法规与管理[②]

（一）秘鲁有机农业发展历史与现状

2001 年，秘鲁有 8.490 8 万 hm^2 的有机认证土地。2008 年，这一数字增加到了 31.4 万 hm^2（包括野生采集面积），农户数量为 4.6 万名，多数为小规模农户。生产的产品有 97%用于出口，而出口的产品中约有 90%是咖啡、香

① Information on this project is available at the homepage of the Equator initiative athttp: // www. equatorinitiative. net/content. lasso? cid=233

② FiBL, IFOAM. The World of Organic Agriculture-Statistics &Emerging Trends. 2010

蕉和可可。2008年，出口总额据估计超过了2亿美元，其他重要的出口产品还包括：棉花、巴西坚果、玛卡和杧果等。秘鲁有机产品包括：高级混合咖啡、可可、杧果、玛卡、有机草本药物、印加果以及有机鲑鱼等。

秘鲁有机生产的份额虽仅占农业生产总额的3%，但国内在主要的超市连锁店中都可以找到有机产品，而这些销售渠道每年约占150万美元的国内市场份额。国内市场销售的产品主要有蔬菜、水果、鸡蛋和大豆等，近年来，针对国内市场的加工商数量也在不断增加。

秘鲁的国内市场发展欠发达，而这一地区的其他国家如阿根廷和巴西则有着成熟的国内市场，在秘鲁，利马是主要的销售阵地。

秘鲁有机产品的出口呈现上升趋势，到2009年年末，出口总额达到了2.25亿美元，与2008年相比增加了16%（图4-4）。秘鲁有机产品主要出口市场为美国和德国，其他目的国也包括日本等国家。其中，60%的秘鲁有机产品销往欧洲（德国、荷兰、比利时等），其余部分出口至美洲和亚洲国家。

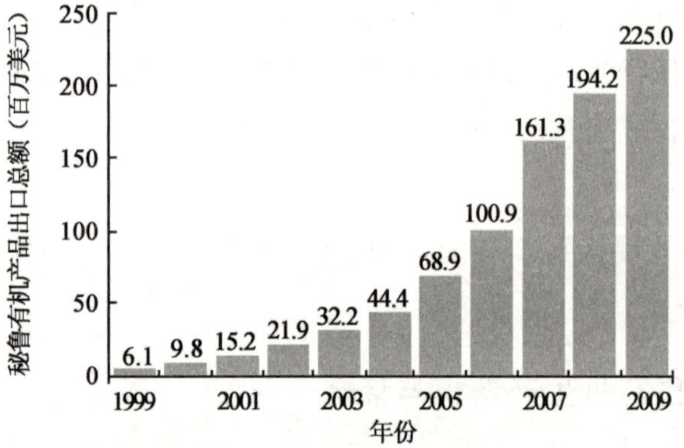

图4-4 秘鲁有机产品出口发展趋势

数据来源：PROMPERU数据

秘鲁出口领域主要致力于进一步丰富出口产品种类，同时增加海外市场。2008年，出口的产品新增了以下几种：南瓜、诺丽果、牛油果、仙人掌果等。同时，秘鲁也开辟了新的海外市场，包括沙特阿拉伯、阿联酋、希腊、危地马拉、印度尼西亚、新加坡、南非、泰国、也门等。

秘鲁可以利用的一个文化优势是其烹调法，秘鲁烹调法在国际上享有盛誉，因此可以借此来推广其有机产品，不仅是有机农业产品，也可以是渔业和其他行业的产品。

（二）秘鲁有机生产管理体系

2006 年，秘鲁颁布实施了有机产品技术法规，自 2008 年 1 月起，有机农业促进法也开始实行。小规模农户通过秘鲁有机加工协会（ANPEP）组织在一起，很多非政府组织致力于促进有机生产的发展和当地市场的拓展。莫利纳农业大学长期以来便是有机农业研究与教育的中心。

秘鲁的认证机构需要向国家主管当局 SENASA① 登记注册，2008 年，有以下认证机构在秘鲁注册：Biolatina S. A. C. 认证机构，IMO 认证机构，BCS Öko Garantie Perú 认证机构，OCIA 国际认证机构，Ceresperu 认证机构以及 SGS 秘鲁认证机构。以上机构也是目前活跃在秘鲁市场上的主要认证机构。

① www. senasa. gob. pe

第五章　大洋洲国家有机生产法规与管理

一、澳大利亚有机生产法规及管理

（一）澳大利亚有机农业发展历史①

澳大利亚四面环海，拥有很多特有的动植物和自然资源，草原面积辽阔，牧场分布广、规模大，地广人稀，不易受外界侵扰，在温带和热带气候地区主要生产水果、蔬菜、坚果、谷物、肉类（牛肉、羊肉、猪肉和山羊）及橄榄，在炎热干燥地区种植葡萄；从区域分布看，维多利亚是奶制品主要生产地，南澳是葡萄和园艺主要产地，西澳和塔斯曼尼亚是水果、橄榄油和蔬菜的主要产地。长期以来，澳大利亚政府并不干预有机农业市场，民间组织成为推动澳大利亚有机农业发展的重要力量。

最早的有机组织可以追溯到20世纪40年代，澳大利亚有机农业和园艺协会、澳大利亚维多利亚堆肥协会和塔斯马尼亚生活土壤协会是澳大利亚有机农业的先锋组织，也是世界上最早提倡有机农业的组织之一，其目标是通过自然方法种植蔬菜和粮食，研究土壤如何自然恢复肥力（Paull，2009）。同时，这些组织与农业、卫生和教育等政府机构建立了广泛的联系和合作，推广有机食品和有机农业理念。但是否给有机下一个合法的定义在有机产品行业组织和政策制定者之间一直存在争论，因而在长达40多年的时间里，澳大利亚没有统一的有机标准，有机农业发展较为缓慢。

20世纪80年代中期，澳大利亚国家可持续农业协会（NASSAA）和澳大利亚生物农场主联盟（BFA）制定了限于国内市场的有机标准，该标准属于自

① 谢玉梅，浦徐进．澳大利亚有机农业发展及其启示．农业经济问题，2014（5）：105-109

愿而非强制性执行标准。NASSAA 和 BFA 是非营利性质的有机产品认证组织，成员来自生产、加工、批发、零售、科研、教育、消费者及政府等部门。20 世纪 80 年代末期，随着全球有机农产品进出口贸易增加，澳大利亚检验和检疫局（AQIS）呼吁制定全国性的有机农产品认证政策，解决有机农产品出口受限问题。

1990 年，澳大利亚成立了有机农产品咨询委员会，其隶属于澳大利亚检验和检疫局，负责编制国家有机和生物动力农产品标准，为私人有机认证机构提供指导。1992 年 1 月 1 日，澳大利亚颁布了《有机和生物动力农产品国家标准》，该法案为有机农业生产、加工、运输、标签和进口提供了监管框架，并在 1998 年、2002 年、2005 年和 2009 年经过了多次修订，重点关注可再生资源的利用、能源节约及环境保护等问题。

2003 年，有机农产品咨询委员会更名为澳大利亚有机产业出口咨询委员会（OIECC），从而有效改变了澳大利亚有机农业政策。OIECC 的成员包括澳大利亚检验和检疫局、7 家私立有机认证机构，从 2005 年开始设立五年计划的有机研究和发展基金专门用于有机农业相关研究，同时农村研究和开发公司（RDCS）以政企合作的方式运行，共同出资和确立研究投资方向，及时把先进的技术转化为商用。近年来，澳大利亚在低碳农业、可持续发展农业、动植物卫生等领域都取得了世界级的科研成果，已经成为世界水资源管理领域的领导者。

2007 年开始，为鼓励风险厌恶的农户从常规农业生产向有机农业生产转轨，澳大利亚单独成立了澳大利亚有机种植户联盟（OGA），为小农场主提供培训和支付有机认证成本，由 NASSAA、BFA、OFA 等有机农业行业组织监管小农场主有机种植、生产和销售。在出口方面，澳大利亚政府积极拓展中国、俄罗斯、巴西、印度市场，消除其价格溢价劣势，提高有机农业生产者和经营者收入。同时，通过进口替代扩大国内有机农产品生产和加工，解决新鲜有机农产品供大于求状况，提高有机农产品附加值，创造就业岗位。

（二）澳大利亚有机农业发展现状[①]

根据 IFOAM 研究报告，澳大利亚是世界上认证有机种植面积最大的国家，2012 年有机种植面积达到 1 200 万 hm^2。截至 2011 年年底，澳大利亚有 2 117 家有机农产品种植机构、765 家生产加工企业、187 家有机要素提供企业，有机运营机构总计达到 3 069 家，经认证的初级有机农产品供应商每年以 5%的速度递增。在 2010—2011 年间约有 200 户新进入的有机农场主（BFA，2012）。由于澳大利亚认证成本高，很多小农户没有注册，实际数据可能高于行业报告数据。2002—2011 年，有机农产品种植、生产和加工企业在不断增加，要素供应企业相对稳定，但批发销售企业持续下降，这与近年来有机农产品大量通过超市渠道销售有关。

2012 年，澳大利亚有机农产品销售额比 2010 年增长了 34.7%，年均增长率达到 16%。牛肉、水果和蔬菜、奶制品销售额位居前列，其中，牛肉销售比 2010 年增长了 111%（BFA，2012）。澳大利亚出口比例大约占整个有机农产品行业的 10%，出口产品主要包括加工产品牛肉、油料种子、粮食（豆类、谷类）、葡萄酒、蜂蜜、纤维类、果蔬、果汁和奶制品。根据农场口径的统计，在 1999—2009 年间，有机加工产品、牛肉、果蔬和油料种子是出口量最大的产品，谷物类出口不断下降。由于澳大利亚有机农业种植面积绝大部分为牧场，因而有机动物制品和奶制品销量大，出口量持续上升。

随着国内外有机农产品需求增加，澳大利亚有机产品销售额逐年增长，2008 年达到 6 023 万澳元，2010 年达到 9.47 亿澳元，2012 年达到 11.5 亿澳元。同时，澳元升值推动了进口增加，2010 年进口超过 2.2 亿元，从欧盟和美国进口的有机加工食品增长较快，主要包括加工中所需要的家禽饲料、香精油、奶粉及澳大利亚本国供应缺少的原料。

澳大利亚有机农产品销售渠道包括超市、折扣店、小零售商、便利店、网上零售、直销等方式，但 60%以上的产品通过超市销售，其次为小零售商和小杂货店。根据 2012 年澳大利亚有机市场报告，在 2002—2009 年间，有机农产

---

① 谢玉梅，浦徐进．澳大利亚有机农业发展及其启示．农业经济问题，2014（5）：105-109

品超市渠道份额分别占 61.0%、62.1%、63%、63.5%、64%、64.5%、66.8%、67.5%，7 年间增加了 6.5 个百分点。有机农产品超市销售的优势体现在消费需求的获得性和便利程度，同时，超市销售的长期合同有效降低了有机农户风险，从而扩大了有机农产品的种植和供应。

（三）澳大利亚有机生产管理体系①

澳大利亚政府主管农业的部门是农渔林业部（DAFF），其下属的澳大利亚检验检疫局（AQIS）参与负责制定有机产品出口相关的政策法规以及组织制定及修订《有机及生物动力产品国家标准》，AQIS 下设有机及生物动力学管理办公室负责认可等事项，类似美国农业部的国家有机计划（NOP），而将日常有机认证与检查授权给其认可的认证机构，AQIS 每年对所有获得其认可的认证机构进行审核检查（每家机构选择两家认证企业），以确保其操作和管理程序符合国家标准、法律、法规以及进口国的相关要求。DAFF 下属的食品与农业司负责统筹有机农产品国内产业政策法规的制定，AQIS 下设的市场维护组负责与国外有机产品进口市场谈判，AQIS 组建有机产业出口咨询委员会提供秘书处服务，作为澳大利亚有机和生物动力产业与政府间正式交流平台。

澳大利亚建立有较完善的农业标准体系，分为强制标准和非强制标准。强制标准实际上就是政府管理部门颁布的技术法规，它是在国家法律的框架下政府部门制定的技术要求规定，如《营销法》对产品的标识做出了规定，《出口控制法》包含了出口产品要求等。非强制标准是由政府委托的或自律性行业协会制定和管理的，并得到社会普遍承认的技术性和管理要求规范，它是澳大利亚农业标准体系的主体，如农产品等级标准、种植养殖标准、质量管理和质量保证标准等。

澳大利亚有机产品的检验由澳大利亚检疫检验局（AQIS）负责，检疫检验局授权 7 家检验机构实施全国范围内的认证工作，分别是：澳大利亚农业可持续发展联合会（NASAA），该组织成立于 1986 年，是澳大利亚官方最权威的有机物检测认证单位，其证书不仅在澳大利亚国内有效，同时在海外 10 多

---

① 焦翔，高秀文，付婧．澳大利亚有机农业发展现状．世界农业，2012（11）：94-95

个国家同样被承认；澳大利亚有机认证协会（Australian Certified Organic），隶属于澳大利亚有机植物农场联盟（BFA）；还有澳大利亚有机种植联盟（Organic Growers of Australia）、澳大利亚有机食品协会（Organic Food Chain）、昆士兰食品安全协会（Safe Food Queensland）、塔斯马尼亚有机生态协会（Tasmanian Organic-Dynamic Producers）和生物动力农业研究学院（Bio-dynamic Research Institute）①。

其中，ACO、BDRI、NASSAA 和 OFC 负责澳大利亚有机农产品出口欧盟、瑞士和日本的检验和认证；ACO、Aus-Qual、BDRI 和 NASSAA 负责美国农业部国家有机项目要求的评估；韩国认可 ACO、BDRI、NASSAA 和 OFC 的认证；新西兰、马来西亚、新加坡、泰国、加拿大认可澳大利亚国内标准（Wynen，2007）。这些机构还会对通过检验的有机产品的生产者、运输者和分销商进行定期审查，确保产品的各个环节都符合国家有关标准。

二、新西兰有机生产法规与管理

新西兰是世界上重要的畜牧业国家，畜牧业在新西兰国民经济中占有重要地位，畜牧业的产值在农业产值中占 4/5，是世界上按人口平均养羊、养牛头数最多的国家。全国牧场面积 1 365 万 hm^2，且畜产品出口外向型特征十分明显。

新西兰的农作物主要以小麦、大麦、燕麦、新西兰麻、水果为主，人均耕地是 0.11 hm^2。新西兰的玉米主要产在北岛，面积在 1.5 万 hm^2 左右，单产非常高，主要用途是作畜禽业的饲料。

近 10 多年里，新西兰的蔬菜和水果生产得到了蓬勃的发展。水果的主要品种是苹果、猕猴桃、葡萄以及一些亚热带、热带水果。

猕猴桃原产于我国，20 世纪初被引进到新西兰，西方人长期以来称之为“中国醋栗”，新西兰的农业专家对它精心培育，改良了品质，种植面积在 20 世纪 70 年代迅速扩大，2011 年的收获面积达 2.2 万 hm^2，产量为 40 万 t。现

① http：//www.cait.cn/spnc_1/yjcp/zhzx/201211/t20121121_118099_1.shtml

在，猕猴桃已经以“几维果”（kiwifruit）而闻名于世，它以单果重量大、耐储藏的特性，成为新西兰重要的产业和出口的“王牌”产品①。

（一）新西兰有机农业发展历史

新西兰位于大洋洲，是世界上有机农业发展最好的国家之一。新西兰有机行业发展起步相对较晚，20 世纪 80 年代才正式发展，此前的有机生产主要在小农场、果园和合作项目中进行，销售也是在当地小规模经营。20 世纪 90 年代，新西兰有机农业进入第一阶段的快速增长期，随着市场消费需求的不断上涨，有机农业的生产规模和数量不断增加。其增长主要得益于出口企业（主要是水果和蔬菜的出口商），特别是一些大型的出口公司，这些大的出口企业结成联盟，显著地影响并刺激了欧盟、美国和日本市场的需求，尤其是有机水果和蔬菜的出口。这一时期首家专业有机认证机构 BioGro NZ 成立，BioGro 的有机标准主要参照 IFOAM 标准。1994 年各类政府机构围绕有机行业发展成立了“联合行动小组”，紧接着“有机产品出口小组”（OPEG）和奥特亚罗瓦新西兰理事会（OANZ）相继成立，成为有机行业战略指导小组。期间，除了 BioGro NZ，另外几家重要的认证机构先后成立，如新西兰国家实验室（Asure Quality）、新西兰生态农业园艺业联盟（Bio Dynamic Farming and Gardening Association）、新西兰有机农场（Organic Farm NZ）等②。

（二）新西兰有机农业发展概况

新西兰是一个经济发达，人口素质较高的国家，人们十分关注食品的健康与安全，有机农业在新西兰发展迅速，生产覆盖面很广，包括谷物、肉和肉制品、水果、蔬菜、蜂蜜等，产品不仅用于满足国内市场，而且还大量出口。

2012 年，新西兰有 1221 个有机许可持证人和 1765 个许可认证的有机经营单位，分别比 2009 年增加了 6.6%和 24.6%，比 2007 年增加了 42%和 46%。从 2007—2012 年，新西兰有机认证土地面积增加了 67%，2012 年有机认证土地面积为 106 753 hm^2，不过比 2009 年的 124 463 hm^2 有所下降；到 2012 年，

① 李玲慧，张雅雯，雷爽．新西兰有机农业发展经验浅析．东南大学学报，2013，15（增刊）：32-34

② http：// www.organic-world.net/fileadmin/documents/country _ information/new-zealand/OANZ-2013-report-2012-data.pdf

有 100 多个葡萄园（占总数的 7.6%）进行有机种植，有机葡萄是有机园艺增长最快的品种。

2012 年有机产品出口额在 2.15 亿～2.25 亿美元，比 2009 年增长了 25%，新鲜蔬菜和水果仍是最重要的品种，占总出口额的 45%，2009 年占比 50%；奶制品是第二大品种，比 2009 年出口产值增加 33%，加工食品和配料比 2009 年增加 45%，有机饮料、红酒和啤酒增加 70%，肉类和羊毛增加 11%，有机蜂蜜出口产值稍有下滑。

2012 年有机认证产品国内市场产值估值为 1.26 亿～1.33 亿美元，超市非新鲜有机产品销售额比 2009 年增加了 26.8%，有机产品特卖店销售额约为 2 550 万美元。新西兰有机行业总产值为 3.4 亿～3.6 亿美元，比 2009 年增长 25%①。

2015 年，新西兰有机产品占国内食品和饮料市场额的 1.1%，有机产品出口从 2002 年的 7 000 万新西兰元增加到 2.7 亿新西兰元。有机园艺在新西兰有机行业比较领先，出口苹果 10%为有机，每年出口的绿奇异果和金奇异果有 430 万 t 获得有机认证。新西兰的有机红酒近几年快速发展，约有 5%的红酒产品获得有机认证或处于转换期。有机奶制品是新西兰另一个主要的有机出口行业，仅 Fonterra（全球第二大农业合作社）有机管理的奶牛就有 2 万头②。

（三）新西兰政府有机农业支持政策

为了适应全球农业可持续发展的大趋势，新西兰政府对有机农业给予了极大的关注。2002 年，在国家农林部设立了"新西兰食品安全局"（New Zealand Food Safety Authority，NZFSA），是新西兰政府机构，负责对所有出口的农产品、水产品和食品，包括乳制品进行检疫和认证。在一定程度上相当于中国的进出口检验检疫总局。其主要职责是与其他国家协调新西兰农产品进口渠道；监督各类标准的执行情况；认证企业的出口资格。新西兰对有机农业行政管理的一切手段都是以适应市场经济为出发点，基本上没有长官意识和盲目

① http：// www.organic-world.net/fileadmin/documents/country _ information/new-zealand/OANZ-2013-report-2012-data.pdf

② http：//www.organictradenz.com/organics-in-new-zealand.html

决策。

20世纪80年代，新西兰政府进行经济改革，首先从农业改革开始。其目标为“取消所有政府给某些行业和个人的特权，建立一个公平的竞争环境”。新西兰政府对农业的补贴逐渐减少并最终取消，大力支持常规农业向绿色环保的有机农业转型，制定政策，加大力度扶持有机农业的发展，为转型的有机农场提供政府补贴，在政府的推动下，新西兰的有机农业迅速建立并不断发展壮大。

新西兰政府看到了发展有机农业的国际前景，对于有机农业的发展进行了大力度的扶持。自2000年以来，通过可持续农业基金投入250万美元开展有机农业支持项目，包括满足对新西兰出口到台湾的有机苹果承担苹果蠹蛾风险的资金。经过认证的有机猕猴桃的种植者协会也通过可持续农业基金设法增加生产和盈利能力。2007年提供220万美元用于有机农业咨询部门的建设。2008年资助奥特亚罗瓦新西兰理事会104万美元，帮助该理事会在3年内成为自资组织，以带动其他有机农业组织的发展。

这些举动都表明了新西兰政府对于有机农业在全世界推广的巨大信心及支持有机农业发展的坚定决心。

另外，非政府组织也为推动有机农业发展做出了很大贡献。新西兰的有机农业从20世纪80年代开始以商业模式发展，这使得新西兰国内有许多非政府组织参与到有机农场的建设中，促使有机农业在新西兰能够得到蓬勃发展。奥特亚罗瓦新西兰理事会（OANZ）是由新西兰国内现有的有机组织成立起来的联合组织，目标是确保新西兰有机农业的实践、知识及产品在国际上的领导地位，并且得到认可。世界有机农业体验协会（WWOOF）为志愿者提供机会，让他们了解有机农业并能亲身体验到有机农业的生活中去。新西兰土壤与健康协会（SHANZ）致力于推广有机食物与有机农业在新西兰的发展。新西兰生物制造和消费者协会（NABPCS）一直努力于保障有机食品的生产者和消费者的利益，提升有机产品在消费者心中的地位并产生消费需求。生物管理理事会（BIO-GRO）作为新西兰领先的有机认证组织，则向消费者保证经检验过的有机产品全部达到了最高检验标准。所有贴有标识，经过认证的有机产品可以在专业的有机商店和农场买到。

(四) 新西兰有机农业法规体系和认证管理

在新西兰，并没有专门针对有机产品的法律法规。有机食品与常规食品一样，使用相同的风险管理框架，即有机食品与常规食品一样必须遵守新西兰相关立法规定，包括《1999 年动物产品法案》(APA)《1997 年农业化合物和兽药法案》(ACVM)《1999 年动物福利法案》(AWC)、《1981 年食品法案》《2003 年红酒法案》《1996 年危险物质和新微生物法案》(HSNO)《1991 年资源管理法案》以及《1986 年公平贸易法案》。

新西兰有机产品认证的行政监管部门是初级产业部(MPI，原新西兰食品安全局 NZFSA)，在新西兰从事有机产品认证的认证机构必须经过 MPI 的批准，需要经过认可机构和 MPI 的体系审核小组(SAT)的联合审核后方可从事有机认证活动。第一产业部(MPI)与国内有机认证机构共同对出口到国外的有机产品进行把关，确保通过 MPI 实施的"官方有机确保计划"(MPI Official Organic Assurance Programme，OOAP)达到国家有机标准，该计划是新西兰有机产品进入欧盟、瑞士、中国台湾和日本市场的一个途径，美国 NOP 也承认 OOAP 计划下的有机产品符合美国标准。

目前新西兰从事有机产品认证认可的机构包括新西兰国际认可机构(IANZ)和澳大利亚和新西兰联合认可体系(JAS-ANZ)，这两个认可机构负责对有机产品认证机构及其人员进行认可评定。

新西兰境内有机农业的快速发展与提供有机认证服务的认证机构的出现有着密切的联系。在 80 年代末期，新西兰有机农业快速发展时期，新西兰第一家提供有机认证服务的认证机构 BioGro NZ 成立了，并且建立了 BioGro 的标准，这极大地促进了新西兰国内有机市场的发展。此后，新西兰国内又陆续出现了一批认证机构，目前主要有如下 4 家：BioGro NZ(主要提供产品认证)、AsureQuality(主要提供产品认证)、Demeter(主要提供生物动力学认证)和 Organic Farm NZ(主要国内市场)。其中 Biogro 和 AsureQuality 是新西兰初级产业部(MPI)批准的第三方机构(TPA)，为参与 MPI 官方保证计划(OOAP)的出口商提供认证服务。

新西兰最大有机认证机构分别是 BioGro New Zealand 和 AsureQuality 有

限公司，这两家机构都得到了 IFOAM 的认可，也都加入了 OOAP。认证标准主要依据国际食品法典、欧盟有机法规、澳大利亚国家标准，经其认证的产品能够进入美国、欧盟、澳大利亚、韩国、日本、中国以及其他东南亚国家等①。

Asure Quality 有机标准对多种有机产品、生产单位和生产商进行认证和许可，确保消费者买到真正的有机产品。Asure Quality 对畜牧农场、园艺场所、蜂场、水产养殖场和加工人员以及肥料之类的有机允许使用物质普遍实施有机审计，利用审计，检查、验证和保证食品质量和管理系统。

BioGro New Zealand 是新西兰最大的有机认证机构，业务范围包括有机生产、加工、农场允许使用物质供应、有机出口和零售等领域。每年获得 BioGro 认证的有机产品的市场价值达到 1 亿美元之多。

新西兰有机协会（Natural Organic Association New Zealand）提供的 VERYTRUST 有机认证，涵盖初级农产品（种植作物、养殖业和水产业）、加工农产品（酒类、食品、纺织品）、有机化妆品三大类。

这些认证机构旨在保证新西兰国内有机食品的安全、维护消费者利益。新西兰国内生产企业必须遵守上述机构制定的最低生产标准。

---

① http：// www. foodsafety. govt. nz/elibrary/industry/nzfsa-standard-registration-documents/technical-rules. pdf

第六章　非洲国家有机生产法规与管理

一、肯尼亚有机生产法规与管理

（一）肯尼亚有机农业发展历史与现状

肯尼亚有机农业形成于1986年，最初是几个非政府组织和私人组织（如肯尼亚有机农业学院（KIOF））的倡议。从20世纪90年代中期起，在一些参与肯尼亚有机农业学院（KIOF）推广和训练项目的农民的倡议下，成立了肯尼亚有机农民协会（KOFA），此类组织的创立也推动了有机农业的主力由单独的个体转向了合作型团体。肯尼亚有机农民协会（KOFA）基于国际有机农业运动联盟（IFOAM）和欧盟的标准为其成员颁布了有机农业标准，同时，该协会也十分希望能为其有机产品拓展出一个生机勃勃的国内外市场，一些已经参与市场的大公司和商业化农民也纷纷加入了肯尼亚有机生产者协会（KOPA）。2005年，肯尼亚有机农业的利益相关者，包括肯尼亚有机生产者协会（KOPA）和肯尼亚有机农民协会（KOFA）一起组建了一个全面的网络KOAN，来支持有机食品行业的持续良性发展。

35个农场企业覆盖了肯尼亚8个省的有机生产，其中超过半数都集中在中部省，这里的大部分快速生长都与园艺作物的劳动密集型生产方式紧密相关。

正如很多发展中国家一样，肯尼亚国内的有机市场主要集中分布在首都城市附近，在这一区域，消费者主体是外国人和富裕的中高阶层市民。有机产品的主要销售渠道有：果蔬零售商、健康商店和肯尼亚的两个连锁超市："Uchumi"和"Nakumatt"。超市中出售的典型有机产品有咖啡、茶、蜂蜜、葵花油、面粉、夏威夷果和其他各类保健产品，果蔬零售商则主要销售各类蔬菜水果。

（二）肯尼亚有机农业法规体系与认证管理

在肯尼亚，虽然与有机农业相关的公众利益与认同与日俱增，但仍没有这一方面的官方政策，有机行业在没有任何明确政府官方政策支持的情况下一直发展至今。农业部已经设立了一个有机业务组负责带领有机政策制定事宜，这一业务组隶属于食品安全与预警系统部门。农业部门希望，不仅能为有机农业制定一项政策，而且能够将其纳入农业、食品安全和环境相关的其他政策中去。迄今，有机农业管理已被纳入《食品安全政策草案》与《土壤肥力政策草案》中。

目前涉及肯尼亚的国际认证主体有 5 个，分别是：英国土壤协会、美国赛瑞斯（Ceres)、法国国际生态认证中心（Eco-Cert)、德国 IMO 以及瑞士有机认证（Bio-Suisse)。但为了使外部认证机构的认证成本最小化，大多数认证机构都会雇用本地培训的检查员。2005 年，肯尼亚成立了一个国家认证机构 Encert 来为国内市场进行认证。

2007 年 5 月，经过咨询讨论，设立了东非有机产品标准（EAOPS)，这项讨论是于 2005 年由东非地区的协调有机食品标准发起的。与 EAOPS 一并，也特意创立了“Kilimohai”品牌，以促进和繁荣区域贸易[①]。

二、突尼斯有机生产法规与管理

（一）突尼斯有机农业发展历史与现状

突尼斯是北非三国有机农业领先国家，其有机农业开始于 20 世纪 80 年代，1997 年以后，由于国家农业发展战略和行动计划中明确了对有机农业的支持政策，突尼斯有机种植面积、有机农户和作物种类出现了大规模的增长。同时，政府还加强了对有机农业研究、咨询服务和立法、市场发展方面的正面干预。2009 年，突尼斯有机农业经历了跨历史的发展，欧盟委员会批准突尼斯进入第三国名单，这意味着突尼斯的有机体系使用的规则等同于欧盟有机生产与认证规则。2010 年，突尼斯农业部发起了“生态突尼斯”标识，并作为突尼斯

① FiBL，IFOAM. The World of Organic Agriculture-Statistics & Emerging Trends. 2009

政府有机农业发展战略的一部分。

2009 年，突尼斯有机认证土地面积约 33.6 万 hm^2，是 2001 年（1.65 万 hm^2）的 20 倍，成为非洲种植面积第二大国家；有机蔬菜产量从 2001 年的 4 000 t 增长到 2009 年的 24 万 t；有机行业参与者数量从 2001 年的 294 位增加到 2009 年的 1 911 位。

突尼斯有机产品的国内市场过去几年逐渐形成，最开始市场上主要产品是蔬菜、水果、意大利面、橄榄和橄榄制品，有机产品主要在超市、农户市场、宾馆、餐馆以及免税店等场所销售。2010 年，突尼斯政府确定了到 2014 年国内有机产品市场份额达到 1%，以提高国内市场有机产品可获得性，并确保持续供应。目前，突尼斯有机产品大部分出口向欧洲市场，最重要的产品是橄榄油、枣、水果和蔬菜。政府制定的发展战略是到 2014 年更好地定位高附加值的经典产品，使出口值翻一番，达到 1.2 亿第纳尔（2011 年 1 第纳尔等于 0.521 90 欧元或 0.677 39 美元）。

（二）突尼斯有机生产管理体系

突尼斯有机行业的主要参与机构都是政府机构，目前还没有国家级的非政府有机生产者联盟，但突尼斯农业与渔业优质农产品联盟发挥了有机生产者联盟的作用，另外，还有 30 多个面向有机农户的农业发展组织以及经营有机产品的 10 余家公司。

(1) 有机农业指导委员会　有机农业指导委员会（DGAB）2010 年 4 月根据一项总统决定而成立，DGAB 是农业部下属的一个新部门，目前成为突尼斯有机行业的主管机构，其职责是制定有机农业发展战略和行动方案；实施对有机行业的监管，尤其是对有机认证机构的监管；实施与有机产业链利益相关者签订的发展计划和发展合同；支持并跟进有机投资工程；代表农业部加入国际知名机构和组织，加快国家合作等。DGAB 在 24 个地方委员会都设有两个指导会，5 个子指导会、服务中心或者地方分部来推动和确保有机生产信息、传播和推广计划的实施，有机认证以及培训与推广计划相关补贴的发放，市场发展战略的实施，“生态突尼斯”有机标识的授予，有机标准和法规的制定实施。

(2) 国家有机农业委员会　国家有机农业委员会职责是：为制定有机行业

发展计划、支持有机行业能力建设提供建议，对农业部评估认证机构效率及认可提供建议，获取有机行业统计数据。

（3）有机投资促进署（APIA）　APIA 的主要职责是通过参与国家贸易展推动有机行业发展，并支持对新项目的投资（投资额达到项目总额的 30%）。

（三）突尼斯有机农业法规与政策体系

1999 年 4 月 5 日，突尼斯政府颁布了国家有机规定，之后，一些补充法规、法令和命令相继出台。直到 2005 年年底，完整的国家规范框架才形成。为加入欧盟第三国名单，突尼斯制定实施了有机农业法规，并全面实施了有机认证和监管体系。突尼斯有机法规等同于欧盟和联合国食品法典委员会的规定和要求，有机进口批准流程非常简单。

2005 年，突尼斯农业与渔业部开始实施有机农业发展的全面战略和行动计划，该计划是联合国食品与农业组织资助的项目。之后，突尼斯政府从研究与推广、生产与贸易、立法与担保体系等多方面开展了全面的支持行动。2010 年，出台了一个新的“2010—2014 政府计划和战略”，其目标是：2014 年有机耕种面积为 50 万 hm^2，有机产品市场份额达到 1%，有机出口量翻一番，将对有机生产者管理与认证成本补贴方面的财政资助从每年的 5 000 第纳尔提高到 10 000 第纳尔，成立地区有机咨询中心等①。

三、坦桑尼亚有机生产法规与管理②

（一）坦桑尼亚有机农业发展概况

坦桑尼亚位于东非太平洋沿岸，国土面积约为 94.5 万 km^2，约为西班牙国土面积的两倍。地形与气候决定了作物种植面积仅占国土面积的 1/4。坦桑尼亚也是世界上最贫困的国家之一，外部的救助占国家总财政的 34%。农业占国家 GDP 的 50%，为全国约 80%的劳动力提供了就业机会，其中，妇女为农

① FiBL，IFOAM. The World of Organic Agriculture-Statistics & Emerging Trends. 2011

② FiBL，IFOAM. The World of Organic Agriculture-Statistics & EmergingTrends. 2010

业劳动的主力。农场主要为小型农场，种植面积平均为 0.9～3 hm^2。鱼类以及农产品如：咖啡、香烟、坚果、棉花、茶叶等产品占了 70％的出口总额，其余出口份额则主要是黄金[①]。

过去 10 年中，坦桑尼亚经济持续稳定发展（每年增长速度为 6％～7％），从事服务与采矿业的城镇人口收入明显提升，然而农村贫困人口与农业发展却未得到改善[②]，因此国家的粮食安全受到了极大威胁。气候变化预计将对坦桑尼亚的粮食生产产生严重影响，因为不断减少的降雨量将使中部、西部和南部地区不再适合进行农业生产。

坦桑尼亚的有机生产主要分布在北部和东部，产品主要包括咖啡、茶、坚果、调料以及各种蔬菜。这一地区除了有着肥沃的土壤和适宜的气候条件，还有便利的基础设施，交通方式以及城镇中心。坦桑尼亚包括 26 个地区，其中 13 个地区有经认证的有机产品。在本国内，各个小型农户会组成农业协会为出口企业提供产品供应。

坦桑尼亚有机产品的国内市场规模较小，一些大型的超市会出售耐用的产品如茶和谷物等。在出口方面，主要的出口产品有：可可、腰果、香草和茶，这几项产品约占出口总额的 55％。主要的出口市场为欧盟和美国，也有一些产品销往亚洲和澳大利亚。

（二）坦桑尼亚有机生产管理概况

20 世纪 80 年代时，非政府组织获准在坦桑尼亚开展活动，大多数非政府组织培训农民进行可持续发展农业的实践。由于北部购买有机产品需求的不断上升，尤其是热带地区的需求较大，一些投资者和非政府组织便开始促进政策的出台。1995 年，国家协会 KIHATA 正式成立，旨在促进坦桑尼亚有机农业

① Food and Agriculture Organization of the United Nations (FAO) (2007): Country profile Tanzania. The Organic Agriculture homepage of FAO, Rome. Available at www. fao. org/countryprofiles/default. asp? iso3＝CHN&lang＝en

② Ministry of Foreign Affairs of Denmark (MFAD) (2009) -country facts (in Danish): Landefakta Tanzania. Homepage of the Ministry of Foreign Affairs Denmark. Available atwww. um. dk/da/menu/Udenrigspolitik/Landefakta/LandefaktaAfrika/Tanzania

的发展。最初，该协会主要由官员和当地生产者组成，随着生产者、企业、出口商和非政府组织等联系起来的呼声越来越高，2005 年 6 月成立了坦桑尼亚有机农业运动组织（TOAM）。如今，TOAM 负责制定政策，开展咨询、销售、信息记录等活动。同时也为坦桑尼亚 2009—2015 年的有机行业发展指明了方向，该组织明确的政治目标便是制定一项有关有机农业的正式国家政策。

坦桑尼亚有 4 个国际认证机构正在运行，包括 IMO 认证机构、刻瑞斯（Ceres）认证机构，欧盟有机认证（Ecocert）以及 Bio. Inspecta 有机认证机构。其中，IMO 是最主要的认证机构，负责检测将近半数的有机企业。国家认证机构坦桑尼亚认证协会（Tancert）成立于 2003 年 10 月，主要面向出口领域。坦桑尼亚认证协会（Tancert）在 2008 年 7 月时得到了国际有机农业运动联盟（IFOAM）的认证，目前负责检测两家企业。

2007 年 5 月，东非有机产品标准（The East African Organic Products Standard，EAOPS）成立。与此同时，创建了“Kilimohai”这一商标以促进这一地区贸易的发展。然而，区域贸易品牌的公信力仍无法得到保障，除非有两国有机法律作为支撑，若在东非地区，有的国家允许使用 DDT 农药，则这一标准将会受到威胁。

现有的国家牲畜发展政策与有机农业相关，但是目前仍没有一项关于有机农业的正式国家政策出台。因此，在政府投入、能力建设和研究方面，有机农业一直未被包括在内。

原材料出口主要由大型国际企业开展，因此坦桑尼亚十分缺少能够胜任在这类企业工作的人才。如果坦桑尼亚希望抓住国际有机市场发展的机会，就需要建立创新性的伙伴机制，这些新的伙伴机制需要与现有的机构紧密配合，以此促进坦桑尼亚步入现代化食品市场。为此，坦桑尼亚需要尽快制定相关的国家政策，为有机农业提供经济方面的支持。考虑到未来气候变化对非洲大陆农业生产的制约，非洲大陆的国家必须借助现代化的有机农业方法来确保粮食安全及社会稳定。

四、埃塞俄比亚有机生产法规与管理

（一）埃塞俄比亚有机农业发展概况

埃塞俄比亚国土面积 113 万 km^2，占东北非的大部分，经常被称为“非洲之角”。埃塞俄比亚是几个主要的生物多样性，尤其是农业生物多样性热点区域之一。农业是这个国家经济发展的重要支柱，农业收入占 GDP 的 46%，出口的 90%以上，以及就业的 83%（2008）。小农户较多，约有 1 100 万户，农场中耕种土地平均不超过 1 hm^2。作物生产与畜牧养殖混合型农业是高地（一般少雨）的普遍经营方式，热带雨林地区一般是农林经营，半干旱、旱地主要是畜牧生产。

埃塞俄比亚有机农业理念和生产原则由 NGO 和私人公司引入，食品安全、自然资源保护和获取更高收入是发展有机农业、生物农业、农林业、可持续农业、家庭农艺等的主要动力。20 世纪 90 年代，埃塞俄比亚才开始有机农业认证。首先获得认证的有机农产品是芝麻，1996 年由 Ecoert 认证，Manudura 公司出口。此后，生产和出口的有机产品种类和数量不断增长，产品扩大到咖啡、蜂蜜、蜂蜡、树胶、树脂等。获得认证的农场生产的产品主要面向出口市场，非认证农户的农产品主要在当地市场销售。

2010 年，埃塞俄比亚获得有机认证的土地为 13.643 6 万 hm^2，主要由 12.306 2 万小有机农户和 3 家大的加工企业经营，有机土地面积比 2008 年稍有下滑，但比 2009 年增加了 3.649 2 万 hm^2。有机认证食品为 7.923 1 万 t，比 2008 年、2009 年分别增长了 47%、50%，占比最大的是咖啡（6.846 1 万 t），其次是芝麻（807 0 万 t），蜂蜜和蜂蜡为 440 t；同时，新获得认证的公司和经营者数量也快速增长。另外，还有 1.536 5 万小农户生产菠萝、苹果、仙人掌、玉米和杧果，这些产品主要销售给埃塞俄比亚的食品加工企业 Ecopia PLC，这家公司向大型超市销售菠萝、杧果汁、化妆品、红酒和玉米片，它是埃塞俄比亚唯一一家通过 PSG（参与式担保体系）和生物动力农业推动国内有机市场发展的公司。

2005—2008年，埃塞俄比亚有机产品出口量每年增长50%，只有在2009年由于国内商品交易法的实施，出口量只比上年增加了25%。2010年有机产品出口量为1.234 2万t，比2008年、2009年分别增加了164%、43%。产品主要出口至美国、比利时、日本、阿联酋和中国。出口产值为3 390万美元，比2009年（1 690万美元）翻了1倍。

（二）埃塞俄比亚有机生产管理概况

埃塞俄比亚议会于2006年通过并颁布了“埃塞俄比亚有机生产体系448/2006号公告”，以增加农民收入、保护环境并确保食品安全。2008年，由于农药污染，日本政府禁止埃塞俄比亚向其出口咖啡，在此背景下，埃塞俄比亚政府制定了新的针对咖啡和芝麻的商品交易法，限制没有自己农场而只是收集咖啡和芝麻的出口商和农户合作社直接出口有机咖啡和芝麻。后经埃塞俄比亚有机农业协会（EAOA）多次游说、倡议和提供相关培训，政府公布了一个调整法，允许有自己农场的出口商和农户直接出口产品。

政府和NGO在推动有机农业发展方面发挥重要作用，例如埃塞俄比亚环境保护局、农业部、可持续发展研究所、埃塞俄比亚有机种子行动组、环境保护协会等。有机农业支持组织比较少，尤其是能够提供财政支持的机构。瑞典自然保护学会（SSNC）和比利时企业发展中心（CDE）在埃塞俄比亚有机农业发展中提供了很大的支持①。

五、乌干达有机生产法规与管理②

（一）乌干达有机农业发展概况

2011年，乌干达国内属于有机农业管辖的土地面积为226 954 hm^2，这是由于乌干达注册的有机生产农户数量在不断增加，其中大部分为小规模农户。

① FiBL，IFOAM. The World of Organic Agriculture-Statistics & Emerging Trends. 2012

② FiBL，IFOAM. The World of Organic Agriculture-Statistics & Emerging Trends. 2011

自从2002年以来，经过有机认证的土地和农民数量一直在稳步提升，在2007—2008年时达到了一个高潮，越来越多的出口公司获得了有机出口的资格。随之政府规定按比例缩小有机棉花项目的规模，2009年，有机棉花生产的农户数量有所下降。

在出口的产品中，有机咖啡（阿拉比卡和罗布斯塔的混合）仍然是占出口额最高的产品。其他主要的产品包括可可、干果、冷冻水果、新鲜水果、生姜、芝麻、棉花、香草、辣椒、黑胡椒等。与2001年相比，出口的产品种类丰富了很多。

国内市场上的有机产品主要是通过以下渠道进行销售：大型超市、饭店、国际学校和开放市场。小规模的农户也会在国内市场上销售各种有机产品，包括咖啡、蜂产品、新鲜水果和蔬菜以及干果等。在过去几年中，国内消费者对有机产品的需求不断上涨，有些有机产品如干果，已经达到了供不应求的程度。国内市场还开始通过电话和邮件销售有机产品，甚至有的买家从肯尼亚与南苏丹开车至乌干达的农业园中直接购买水果和蔬菜，这样，这些买家能够获得比出口更优惠的价格。

调查显示2009—2010年乌干达的有机出口总额达到了3 690万美元，这主要得益于水果出口量的增加，尤其是干果和果肉，同时也是因为商品价格的上涨，咖啡、可可和芝麻的价格上涨尤为明显。然而，出口的总量却有所下降，主要体现在与之前相比，有机棉花的出口量有明显下降。

（二）乌干达有机生产管理概况

乌干达有机组织NOGAMU是一个将有机行业所有投资者汇聚在一起的伞形组织，该组织与一些非政府组织、国际咨询机构一道，为乌干达有机农业发展提供技术支持，而资金主要来源于捐献者基金会。

乌干达有机行业投资者在NOGAMU的组织下，设立了乌干达有机标准（UOS），该标准与欧盟法规相符合。2007年，东非国家按照欧盟法规的标准，通过了一项东非有机产品标准（EAOPS）。东非有机产品标准已经被东非国家普遍接受认可，作为有机产品认证的标准。

乌干达仅有一家当地有机认证机构——乌干达有机认证有限公司（Ugocert），该公司是在2004年由NOGAMU设立的。除了这一国家机构外，国际认证机构如BCS、IMO、Ceres、Ecocert以及英国土壤协会都在乌干达提供有机认证服务。

尽管政府希望支持乌干达的有机行业发展，但至今尚没有形成正式的政策和法律。不过，2009年7月，政府公布了"乌干达有机农业政策草案"，描述了政府支持有机农业发展的愿景、目标和战略。政策实施战略主要体现推动有机农业成为补充性农业生产体系，发展有机标准体系、有机认可和认证，推动相关领域的研究、技术发展与推广，推动地方、区域和国家有机产品市场发展，通过教育和培训促进相关知识、技能的产生等几个方面[①]。

目前，乌干达有关有机农业的研究还十分有限，是由于政府在有机科研领域没有明确的资金分配。但是，捐献者基金会及私人公司对此表示支持。乌干达马特斯大学（UMU）以及马凯雷雷大学（MUK）的学术机构也开始了有机农业某一方面的研究。

尽管乌干达的有机行业面临各种挑战，但在众多的市场需求下，有机行业的发展定然前景广阔。

六、南非有机生产法规与管理

1999年，南非只有35个农场获得有机认证，但到2000年这一数据上涨到约150。GROLINK估计2002年南非获得认证的有机农场为240个，面积（包括草场和转换土地）约为4.362万hm^2。起初认证的农场主要种植杧果、鳄梨、辣椒、草药、路易博士茶（南非有机茶）和蔬菜，后来种类更多，目前还生产有机葡萄酒、橄榄油和奶制品。南非有机农业联盟（OAASA）估计，南

① The Agribusiness Development & Management Centre in Uganda，http：// cl.tractorexport.com/2014/12/，2014-12-31

非还有约 100 个未获得认证的农场（经营面积约 1 000 hm^2）按照有机原则进行生产，产品也只是销往当地农村和农贸市场，其产品与有机认证产品并无多大差异。南非很多年前开始断断续续开展过有机农业运动，而有机产业的发展很大程度上归因于西开普敦、东开普敦、北开普敦、敦豪省、夸祖鲁一纳塔尔省等地有机农业的推广和发展[①]。

南非有机认证组织主要有：非洲有机农场认证组织（Africa' s Farms Certified Organic），主要负责南非出口产品的有机认证，其认证标准与法国国际生态认证中心（ECOCERT SA）接轨；南非有机农业协会（OSA），主要负责南非国内有机产品的质量认证，并为生产企业提供信息服务等；南非生态有机产品认证中心（BDOCA），其标准与挪威有机产品认证认可中心（Debio）相衔接；CUC 管理协会，附属于荷兰 SKAL 认证公司；土壤协会有限公司（Soil Association Certification Ltd）；非 SGS 认证。

① http：//www. docin. com/p-952606018. html

参考文献

[1] 焦翔，高秀文，付婧. 澳大利亚有机农业发展现状. 世界农业，2012(11)：94-95.

[2] 解卫华，汪云岗，俞开锦. 加拿大有机农业的发展及启示. 中国农业资源与区划，2010(3)：81-85.

[3] 罗江月，唐丽霞. 瑞典有机农业发展状况. 世界农业，2012(7)：77-81.

[4] 李玲慧，张雅雯，雷爽. 新西兰有机农业发展经验浅析. 东南大学学报，2013，15(增刊)：32-34.

[5] 严会超，吴文良. 法国预计农业的发展及启示. 中国野生植物资源，2005(2)：1-7.

[6] 美国13年有机食品销售额强劲增长. 中国有机农业网，2014-6-18 http：//www.cnoa360.com/news/26452493.html.

[7] 有机农业法规及政策之研究：[硕士论文]. 国立台湾大学农艺学系. 2007.

[8] 徐艳文. 挪威的有机农业发展. 中国畜牧业，2014(9).

[9] 霍美丽. 阿根廷有机农业发展观察及对中国发展路径的思考. 世界农业，2009(12)：57-58.

[10] 王宝锟. 奥地利有机农业. 环球.

[11] 刘瑞峰，陈彤，Rainer Hass. 奥地利有机农业发展的经验与启示. 异域观察，2007(10). http：//www.organicinputs.org/partners0.html.

[12] 叶向东. 波兰促进可持续发展的重要举措——迅猛发展的波兰有机农业及其启示. 全球科技经济瞭望，2014(7)：20-23.

[13] 袁涓文. 荷兰有机农业生产状况及启示. 贵州农业科学，2010，38(1)：207-210.

[14] 徐栋，周惠明. 美国和欧盟有机农业政策的比较研究及启示. 科技与经济，2013(3)：46-50.

[15] 张文胜. 日本有机农业的经营与产销协作. 2010(1)，53-57.

[16] 尹昌斌，尹婷婷，崔艺凡. 泰国有机农业的发展与经验借鉴. 世界农业，2015

(7):141-145.

[17] 杜相革,董民.中国有机农业发展现状优势及对策.农业质量标准,2007(1):4-7.

[18] 王茂华,唐茂芝,曲丽等.我国有机产品认证标准和法规体系及其修订的背景和特点.中国标准化,2012(4):36-39.

[19] 黄巧龙,王团真,郑少红.台湾有机农业发展现状及其对福建的启示.台湾农业探索,2015(6):7-12.

[20] 吴越.闽台有机农业比较分析与思考.福建农业学报,2014(10).

[21] 陈彤.台湾有机农业发展特点及启示.台湾研究?经济,2013(3):35-43.

[22] 美国:有机食品年销售额将占全部食品 9%.中国有机农业网,2015-1-14. http://www.cnoa360.com/news/27126619.html.

[23] 吴越,刘玲.海峡两岸有机农业法规比较研究.台湾农业探索,2012(6):14-19.

[24] 谢玉梅,浦徐进.澳大利亚有机农业发展及其启示.农业经济问题,2014(5):105-109.

[25] 美国:有机产品出口调研报告.中国有机农业网,2015-1-16. http://www.cnoa360.com/news/27132141.html.

[26] 巴西农业部网站:http://www.mda.gov.br/planapo/.

[27] 强百发.韩国有机农业的发展及对策.农业环境与发展,2008(6):25-28.

[28] 高杨,尹世久,徐迎军.日本有机农业"再发展阶段"的支持政策及其对中国的适用性研究.世界农业,2014(12):74-78.

[29] http://www.organic-europe.net/country-info/ireland/country-report.html? L=1%20onfocus%3DblurLink%28this%29.

[30] http://www.organic-europe.net/fileadmin/documents/country_information/estonia/vetemaa-mikk-2015-estonia-2014.pdf.

[31] http://www.yogeev.com/article/41068.ht. http://www.docin.com/p-952606018.html.

[32] www.agriculturaorganica.org.

[33] http://www.joaa.net/mokuhyou/yukinouken.html.

[34] http://www.tbtguide.com/bzhyjs/ztyj/spaq/yjncp/gjyjncp/201312/t20131210_5542.html.

[35] http://www.organic-europe.net/country-info/france/country-report.html? L=0.

[36] http://www.organic-world.net/index/news-organic-world.html? L=0&tx_ttnews%5Btt_new-s%5D=1701&cHash=ef05ea1dd1682de8011e453-d98fc7791.

[37] Ellen L Mallette. ORGANIC FARMING IN FRANCE: ? LA MODE OR A MODE OF LIFE?,2014.

[38] Makoto Hasegawa, AkiraIsogai, FumihikoOnabe. Preparation of low-molecular-weight chitosan usingphosphoric acid [J]. CarbohydrPolym,1993,20:279-283.

[39] http://www.freshplaza.com/article/142734/Organic-agriculture-growing-in-Spain.

[40] Victor Gonzálvez. Spanish Society for Organic Agriculture. Organic Farming in Spain 2007,2011-6-27.

[41] http://www.organic-world.net/fileadmin/documents/country_information/ARCHIVE/spain-2007-organic-europe.pdf.

[42] http://www.organic-europe.net/country-info/country-info-portugal/country-report.html? L=1.

[43] http://www.fao.org/fao-who-codexalimentarius/committees/en/.

[44] http://www.fibl.org/en/about-us.html.

[45] http://www.ifoam.bio/en/about-us.

[46] http://www.organic-europe.net/country-info/country-info-austria/country-report.html? L=1%20onfocus%3DblurLink%28this%29%3B.

[47] The World of Organic Agriculture-Statistics &Emerging Trends. FiBL, IFOAM. 2016,240.

[48] http://ec.europa.eu/agriculture/evaluation/market-and-income-reports/

2013/organic-farming/chap11_en. pdf.

[49] http://www. nongjx. com/News/Detail/54. html.

[50] Bernhard Speiser. Otto Schmid. Current Evaluation Procedures for Plant Protection Products Used in Organic Agriculture[C]. Proceedings of a workshop held September 25 - 26, 2003 in Frick, Switzerland,30-34.

[51] http: // www. focus-balkans. org/res/files/upload/file/2% 20FOCUS-BALKANS_EUpolicy_Ecozept. pdf.

[52] AndrzejSzeremeta, Organic farming and market in Poland, http://www. enoas. org/pol05t/003a. html.

[53] http://www. navdanya. org/.

[54] http: // www. organic-europe. net/country-info/netherlands/country-report. html? L=0CachedThe.

[55] Rodríguez J, Rovayo M. (2007): Distribución y redistribución de ingresos encadenas de valor: Análisis de casos en asociaciones de peque? osproductoresdel Ecuador de café y cacao. Programa GESOREN, GTZ Ecuador.

[56] http: // www. organic-europe. net/country-info/denmark/country-report. html? L=nkjbccatc.

[57] http: // www. organic-europe. net/country-info/slovenia/country-report. html? L=0CachedThe.

[58] http: // www. noodls. com/view/C46315040E80B19CC9E292A2A2170F0CF-22B8DAF? 3175xxx1405005252.

[59] AnamarijaSlabe. OrganicFarminginSloveni: http: // organic-europe. net/fileadmin/documents/country _ information/ARCHIVE/slovenia-2000-organic-europe. pdf.

[60] OlgaKolchevnikova. Russian Organic Market Continues to Grow,2013/2/25,http: // gain. fas. usda. gov/Recent% 20GAIN% 20Publications/Russian% 20Organic% 20Market% 20Continues% 20to% 20Grow _ Moscow% 20ATO_Russian%20Federation_2-15-2013. pdf.

[61] http: // www. organic-world. net/fileadmin/documents/yearbook/2011/prokopchuk-eisenring-2011-ukraine. pdf.

[62] QAI Home: http://www. qai-inc. com/a) QAI Standards: http://www. qai-inc. com/progr-am. htm.

[63] Stuart B Hill, Rod J MacRae. Organic Farming in Canada, http: // eap. mcgill. ca/publications/eap104a. htm.

[64] http: // www. organic-europe. net/country-info/czech-republic/countryreport.

[65] http://blog. sina. com. cn/s/blog_94d835790102w5dj. html.

[66] http: // www. organic-europe. net/country-info/belgium/country-report. html? L = 2% 252520onfocus% 25253DblurLink% 252528this% 252529% 25253b.

[67] http://www. organic-europe. net/country-info/finland/country-report. html.

[68] http://www. organic-europe. net/country-info/greece/country-report. html? L=2.

[69] http: // www. organic curope. net/country-info/luxemburg/country-report. html? L=stvsadwdcmq.

[70] http://www. docin. com/p-1396496406. html.

[71] www. bcs-oeko. com.

[72] OrganicFarming, http: // www. agro-net. eu/attachments/132 _ cyprus%20organic%20farms. pdf.

[73] The World of Organic Agriculture-Statistics & Emerging Trends. FiBL, IFOAM, 2009.

[74] The World of Organic Agriculture-Statistics & Emerging Trends. FiBL, IFOAM, 2010.

[75] The World of Organic Agriculture-Statistics & Emerging Trends. FiBL, IFOAM, 2011.

[76] The World of Organic Agriculture-Statistics & Emerging Trends. FiBL, IFOAM,2012.

[77] The World of Organic Agriculture-Statistics & Emerging Trends. FiBL, IFOAM,2013.

[78] The World of Organic Agriculture-Statistics & Emerging Trends. FiBL, IFOAM,2014

[79] The World of Organic Agriculture-Statistics & Emerging Trends. FiBL, IFOAM,2015.

[80] The World of Organic Agriculture-Statistics & Emerging Trends. FiBL, IFOAM,2016.

[81] http://www.organicresearchcentre.com/?go=Policy%20and%20debates&page=Organic%20regulations . http://www.organic-world.net/yearbook/yearbook2015.html.

[82] The World of Organic Agriculture-Statistics & Emerging Trends. FiBL, IFOAM,2017.

[83] http://ec.europa.eu/agriculture/organic/eu-policy/eu-legislation/regulatory-committee/index_en.htm.

[84] http://www.tbtguide.com/bzhyjs/ztyj/spaq/yjncp/omyjncp/201312/t20131210_55426.html.

[85] UrsNiggli, with updates by Helga Willer. Organic Farming in Switzerland 2008, FiBL, http://www.organic-world.net/fileadmin/documents/country _ information/switzerland/willer-niggli-2008-switzerland-2008.pdf, 2009-07-09.

[86] http://www.organic-europe.net/country-info/switzerland/country-report.html? L=.

[87] http://www.chinanews.com/cj/2015/09-24/7543031.shtml.

[88] http://mp.weixin.qq.com/s? __biz=MzAwNzUzNzU1MQ==&mid=2651200699&idx=1&sn=09440e4a2ca658d51d9aff844d8d74d1&scene=

23&srcid=0506mA2aoQy6Kg57BE8KgacK#rd.

[89] Current Evaluation Procedures for Fertilizers and Soil Conditioners Used in Organic Agriculture,Proceedings of a workshop held April 29 - 30, 2004 at Emerson College, Great Britain.

[90] www. eco-logica. com.

[91] http://www. cqn. com. cn/news/zggmsb/2007/129025. html.

[92] HiltrudNiebergand Heike Kuhnert,Support Policy for Organic Farming in Germany,LandbauforschungV? lkenrode 1/2007 (57):95-106.

[93] http://www. bmel. de/EN/Agriculture/SustainableLandUse/_Texte/OrganicFarmingInGermany. html.

[94] http://www. organic-world. net/fileadmin/documents/country_information/new-zealand/OANZ-2013-report-2012-data. pdf.

[95] http://china. huanqiu. com/News/mofcom/2016-01/8366939. html.

[96] http://www. bjchc. com. cn/NewsView. Asp? ID=640&owen1=%E5%90%84%E5%9B%BD%E6%94%BF%E7%AD%96%E6%B3%95%E8%A7%84A7%84.

[97] Organic Action Plans-Development, implementation and evaluation,puiblished by FiBL and IFOAM Europe, http://orgprints. org/13481/1/manual. pdf. a) OTCO Home: http://www. tilth. org/b) OTCO Standards: http://www. tilth. org/Publications/OTCOStandards. pdf

[98] OTCO Procedures: http://www. tilth. org/Publications/OTCOProcedures. pdf

[99] http://www. bmel. de/EN/Agriculture/SustainableLandUse/_Texte/OrganicFarmingInGermany. html.

[100] http://www. dxkj. gov. cn/jsfw/detail. php? n_no=265236.

[101] https://www. gov. uk/guidance/converting-to-organic-farming#introduction.

[102] http://mx. mofcom. gov. cn/article/ztdy/201407/20140700661681. sht-

ml.

[103] KishorAtreya. In search of sustainable agriculture: A review of national policies relating to organic agriculture in Nepal,2015. 12.

[104] http://www. scagri. gov. cn/ywdt/gjzx/201502/t20150216_330237. html.

[105] http://www. fao. org/europe/news/detail-news/en/c/358318/.

[106] http://info. organic. org. tw/supergood/front/bin/ptdetail. phtml? Part=20160826.

[107] www. armagrar-uni. am.

[108] www. cuperu. com.

[109] http://www. organic-world. net/fileadmin/documents/country_information/new-zealand/OANZ-2013-report-2012-data. pdf.

[110] http://www. docin. com/p-952606018. html.

[111] http://www. organictradenz. com/organics-in-new-zealand. html.

[112] http://www. foodsafety. govt. nz/elibrary/industry/nzfsa-standard-registration-documents/technical-rules. pdf.

[113] http://www. cog. ca/index. php? page=organic-regulations.

[114] http://seed. agron. ntu. edu. tw/organic/org-liu-3. htm.

[115] http://www. ota. com/.

[116] Food and Agriculture Organization of the United Nations (FAO) (2007): Country profile Tanzania. The Organic Agriculture homepage of FAO, Rome. Available at www. fao. org/countryprofiles/default. asp? iso3=CHN&lang=en.

[117] Ministry of Foreign Affairs of Denmark (MFAD) (2009) - country facts (in Danish): Landefakta Tanzania. Homepage of the Ministry of Foreign Affairs Denmark. Availableatwww. um. dk/da/menu/Udenrigspolitik/Landefakta/LandefaktaAfrika/Tanzania.

[118] http://ageconsearch. umn. edu/bitstream/44173/2/323a. pdf.

[119] OrganicFarmingandFood, ChristopherBarcla: http://researchbriefings.parliament.uk/ResearchBriefing/Summary/SN01203#fullreport.

[120] https://www.gov.uk/organic-systems-and-standards-in-farming.

[121] http://www.cait.cn/spnc_1/yjcp/zhzx/201211/t20121121_118099_1.shtml.

[122] http://www.ams.usda.gov/AMSv1.0/nosb.

[123] http://www.nfuonline.com/sectors/organics/uk-organic-market-continues-to-grow/.